Bibliografische Information der
Deutschen Nationalbibliothek
Die Deutsche Bibliothek verzeichnet diese Publikation in der
Deutschen Nationalbibliografie; detaillierte bibliografische
Daten sind im Internet über http://dnb.ddb.de abrufbar.

Bibliographic Information published by
Die Deutsche Nationalbibliothek
The Deutsche Bibliothek lists this publication in the
Deutsche Nationalbibliografie; detailed bibliographic data is
available in the internet at http://dnb.ddb.de.

ISBN 978-3-98514-112-8

Originaltitel: »El tiempo de la promesa«
© Editorial Anagrama, Barcelona 2023

© Für die deutsche Ausgabe:
Verlag Turia + Kant, Wien 2024

Cover: Bettina Kubanek, Visuelle Gestaltung, Berlin

Verlag Turia + Kant
A-1020 Wien, Leopoldsgasse 14
Büro Berlin: D-10827 Berlin, Crellestraße 14
info@turia.at | www.turia.at

CO_2
neutrale Produktion

Keine Grabinschrift für den,
der Versprechen nicht hält
Wajdi Mouawad

Vorwort

Erinnern Sie sich an das letzte wichtige Versprechen, das Sie gegeben haben oder das Ihnen gegeben wurde? Vor einiger Zeit stellte ich diese Frage einer großen Zuhörerschaft von Menschen mittleren Alters, die weder besonders jung noch besonders alt waren. Ich dachte, dass fast alle die Hand heben würden, denn ich hatte ihnen zuvor versichert, dass ich nicht nach dem Inhalt fragen würde. Ich war überrascht, dass sich nur sehr wenige Hände erhoben. Ich bin mir sicher, dass in jedem dieser Leben Versprechen der Jugend oder der Liebe, gemeinsame Ideale, Herausforderungen und Verpflichtungen steckten, aber sie erinnerten sich nicht daran.

Versprechen spielen heute eine untergeordnete Rolle in unseren Beziehungen zu den anderen, in der Liebe, im Beruf, im sozialen und politischen Leben. Wir machen viele Projekte und geben nur wenige Versprechen. Und die, die wir machen oder die wir hören, sind wenig oder gar nicht glaubwürdig. Vielleicht liegt es daran, dass wir die Versprechen,

die wir nicht geben können, auf Dinge, auf Symbole und manchmal auf andere Menschen projizieren. Die Versprechen, die wir nicht geben, stecken in den Dingen, die wir konsumieren, in der Technologie, die wir benutzen, in den Kleidermarken und den Kosmetika, mit denen wir uns verbergen, in bestimmten Arten zu sprechen oder Kontakte zu knüpfen, in Therapien und Medikamenten, in den Ratgebern, die wir lesen, um unsere Kinder besser zu erziehen, uns auf ein Vorstellungsgespräch vorzubereiten oder einen klareren Kopf zu bekommen. Wir leben inmitten von Versprechen, die wir nicht machen, und wenn sie nicht eingehalten werden, wissen wir nicht, von wem wir sie einfordern sollen, weil wir nicht wissen, woher sie kommen. Wir werden mit dem Gefühl eines unverdienten Scheiterns allein gelassen.

Einander Versprechen zu geben, scheint eine uralte Geste zu sein. Eine romantische oder ritterliche Geste, verloren unter den Erinnerungen an jugendliche Unschuld. Ein echtes Versprechen zu geben, ist heute zu einer lästigen oder ungewöhnlichen Handlung geworden. Versprechen ist ein Akt,

der mit Worten vollzogen wird und aus dem Nichts heraus Bindungen und Verpflichtungen entstehen lässt, die in der Lage sind, die Zeit zu überbrücken und Vergangenheit, Gegenwart und Zukunft in einer einzigen Deklaration zu vereinen. Aber wie können wir etwas versprechen, wenn wir damit die Zukunft gefährden? Das ist die Frage des gesunden Menschenverstandes. Ohne Zukunft gibt es kein Versprechen. Wir können das umkehren: Welche Zukunft können wir haben, wenn wir uns nicht trauen, etwas zu versprechen? Die Gefängnisse des Möglichen wiederholen das Szenario der Knechtschaft und der Kapitulation.

Das Wort, das etwas verspricht, ist so mächtig, dass es von Anfang an von den »Herren« vereinnahmt wurde: Gott versprach Erlösung, der Staat konstituierte den politischen Körper durch das Versprechen von Schutz, und der Kapitalismus mobilisierte das individuelle Streben durch das grenzenlose Versprechen von Wachstum und Akkumulation. Keines dieser drei Versprechen hat sich erfüllt, obwohl sie jahrhundertelang die gemeinsame Zeit, ihre Ausrichtung und Bedeutung organisiert haben. Sie

tun es immer noch, vielleicht unter einem wachsenden Schatten von Gefahr und Verzweiflung.

Die Geschichte eines großen Teils der Menschheit ist aus dem Raum des Versprechens ausgeschlossen gewesen, denn wer nicht frei über seinen Willen verfügt, kann nichts und niemandem etwas versprechen. Sklaven können nicht versprechen. Heute sind wir alle, unter einer Schicht scheinbarer Freiheit, Sklaven einer unumkehrbaren Zeit, eines Schicksals, das zugleich ungewiss und vorhersehbar katastrophal ist. Es beherrscht unser Wünschen und Wollen. Einander etwas zu versprechen, könnte heute eine Form der Rebellion sein, die den Kampf um den Wert der Worte und die Folgen für das Leben, das wir haben oder erhoffen können, auf die Bühne der Gegenwart stellt.

Jemandem sein Wort zu geben, schafft eine unwiderrufliche Bindung, die den Lauf der Zeit und die unerfüllten Versprechen überdauert. Es schafft gemeinsame Vergangenheiten und verbindende Zukünfte. Es schafft Verpflichtungen und macht Verrat möglich. Indem wir diese Macht des Wortes, das unsere Welten geordnet und organisiert hat, zurück-

erobern, stellen wir unsere Handlungsfähigkeit und Glaubwürdigkeit in einer Zeit der Täuschung und der absichtlichen Banalisierung wieder her. Heute nach der Macht des Versprechens zu fragen, heißt zu fragen, wer die gemeinsame Zeit schaffen und sie für uns organisieren kann. Wer bestimmt den Raum des vertrauenswürdigen Wortes und wer hat das Recht, daran teilzuhaben?

Im September 2022 hatte ich die Gelegenheit, im Rahmen der Bienal de Piensamento [dt. Biennale des Denkens, A.d.Ü.] mit Jugendlichen aus meiner Heimatstadt Barcelona zusammenzuarbeiten. Gemeinsam mit ihren Philosophielehrer:innen arbeiteten wir an verschiedenen Möglichkeiten, über die Zukunft zu sprechen. Sie zu beschreiben, bedeutete für sie, in dunklen Farben zu malen. Die Vorstellung der Zukunft machte ihnen Angst und erzeugte ein Gefühl der Leere. Sie fühlten sich der Zeit, in der sie leben müssen, fremd und von ihrer Entwicklung bedroht. Aber sie alle wussten, wie man ein Versprechen gibt. Sie alle wussten, wie man das Wort ergreifen und wie man sich die Zeit, die einen bedrängt, wieder aneignen kann. Auf einem

Platz im Stadtzentrum hörten tausend junge Menschen gemeinsam die Tonaufnahmen einiger dieser Versprechen. Das Versprechen spricht von der Zukunft, aber es kommt aus der Gegenwart und macht uns gegenwärtig. Es spricht von der Zukunft, aber es beschwört einen Anfang und eine gemeinsame Erinnerung herauf. Es verbindet die Zeit, aber es legt sie nicht fest. Das Versprechen akzeptiert die Ungewissheit, denn wir wissen, dass es auch nicht erfüllt oder verwirklicht werden kann, aber es unterwirft sich ihr nicht. Wer ein Versprechen gibt, weiß, dass nicht alles möglich, aber auch nicht alles zu Ende ist. Ein Versprechen zu geben bedeutet, das Schicksal zu unterbrechen, es bedeutet, mit Überzeugung eine Wahrheit zu behaupten, die dem Gewicht der Realität trotzt.

I
Ein seltsamer Wahn

Die Zukunft ist für uns schmerzhaft, weil wir uns hartnäckig an eine vage Erinnerung an ein noch unerfülltes Versprechen klammern. Viele Philosoph:innen betonen immer wieder, dass wir über die Zukunft keine Vermutungen anstellen können, dass es leichter ist, sich das Ende der Welt vorzustellen als das Ende des Kapitalismus. Doch in diesem genüsslich wiederholten Satz steckt ein Betrug. Wir können uns die Zukunft sehr wohl vorstellen. Sie sieht nur überhaupt nicht so aus, wie man es uns versprochen hat oder wie wir uns versprochen haben, dass unser Leben einmal sein würde. Wir sagen, dass wir uns nichts erhoffen, dass wir in unsicheren Zeiten leben, dass niemand weiß, was passieren wird, was der nächste Unfall oder die nächste Katastrophe sein wird. Aber damit erwarten wir etwas und sehnen uns nach etwas. Selbst das, von dem wir wissen, dass es nicht geschehen wird,

wächst in unserem Schweigen als das Versprechen, das wir nicht laut zu formulieren wagen. Wir sind die Töchter und Söhne eines Versprechens, das wir nicht aussprechen können.

»Ich kann nichts versprechen«, sagen die unpersönlichen Stimmen, die uns in den Institutionen und im Kundenservice antworten. Der Arbeitsmarkt wiederholt es, die Person, in die du dich verliebt hast, der Vermieter deiner Wohnung oder die Ärztin, die nicht weiß, was sie mit deinem Unwohlsein anfangen soll. »Ich kann nichts versprechen.« Das könnte ein Ausdruck von Demut sein, aber wie so vieles ist es ein Ausdruck falscher Bescheidenheit, hinter der sich der Zynismus und die Gleichgültigkeit verbergen, die die sozialen Beziehungen unserer Zeit kennzeichnen. Niemand kann etwas versprechen, aber wir wollen und verlangen Versprechen. Aus der Tiefe der Verzweiflung erhebt sich ein »Versprich mir...!«, eine Bitte, die uns betrügen oder sich in eine sehr gewalttätige verbale Waffe verwandeln kann.

Das Versprechen ist der seltsame Wahn, den das jüdisch-christliche Abendland Gott in den Mund gelegt hat. Wir haben ihm die Macht dieses Wortes

gegeben, oder vielleicht hat er sie uns gestohlen, sodass jedes seiner Worte, das gläubig vernommen wird, als ein Versprechen aufgefasst werden kann. Aber wenn Gott tun kann, was er will, warum muss er dann Versprechen geben? Der biblische Gott beschränkt sich nicht darauf, zu handeln, zu retten oder zu verdammen, wie es ihm beliebt. Das würde seinem allmächtigen Wesen entsprechen, das keine Diskrepanz zwischen dem Gedanken und dem Wort, zwischen Worten und Taten dulden kann. Er kann tun, was er will, und doch verspricht er Dinge, die er nicht immer halten kann und an die die Gläubigen dennoch glauben. Das göttliche Versprechen ist wirksam, weil es eine Verbindung zu seinem Volk herstellt und die gemeinsame Zeit von Angst und Hoffnung, von Verdammnis und Erlösung organisiert. Der Horizont der Erlösung organisiert das kollektive Handeln und seinen Sinn, in diesem Fall durch Unterwerfung und Gehorsam gegenüber einem Befehl.

Das Wort, das verspricht, durchzieht die abendländische Kultur, von den ersten biblischen Texten bis zu den revolutionären Ideologien, von den Lie-

besromanen und Liebesgedichten, von den intimsten Bindungen bis zu den innovativsten Technologien. Was verleiht ihm seine Kraft? Es braucht nur wenige Elemente, um ein Versprechen abzugeben: eine:n oder mehrere Empfänger:innen, eine versprochene Handlung und zeitliche Verortung. Wem etwas versprochen wird, was und für wann. Diese drei Elemente verwirklichen sich im Wort. Versprechen heißt, sein Wort zu geben, indem man sich verpflichtet und bindet. Versprechen ist keine Rede, es ist eine Handlung. Unabhängig davon, ob es erfüllt wird oder nicht, ist es wahr allein dadurch, dass es mit Wahrhaftigkeit ausgesprochen wurde. Danach öffnet sich eine Palette von Möglichkeiten: Das Versprechen kann erfüllt oder nicht erfüllt werden, es kann erinnert oder vergessen werden, gehalten oder gebrochen werden. Die Hindernisse und Bedingungen für seine Erfüllung sind so zahlreich wie die Zufälle des Lebens. Die Kraft der Verpflichtung und Bindung, die mit dem gegebenen Wort geknüpft ist, steht zugleich für die Fragilität der menschlichen Belange ein. Selbst der Gott der Bibel erlebt, wie seine Versprechen durch die Unbeständigkeit des

Gedächtnisses und des Vertrauens seiner Gläubigen in Zweifel gezogen werden.

Ein gegebenes Versprechen kann ein Leben verändern, es retten oder verdammen, und nicht immer können wir uns die Versprechen aussuchen, die wir geben oder erhalten. Freiheit und Verbindlichkeit sind die zwei voneinander untrennbaren Seiten eines jeden Versprechens. Ein Versprechen, das aus freien Stücken gegeben wird, verpflichtet die Versprechenden, es zu halten, und die Empfänger:innen, es zu bewahren. Es gibt aber auch Versprechen, die wir uns nicht ausgesucht haben, die in den Gegenständen verkörpert sind, in Institutionen oder Symbolen, die wir übernehmen und die auch die Ausübung einer Form von Herrschaft sein können. Zum Beispiel benutzen viele Eltern, Liebende oder Lehrende das Versprechen als Befehl, der die Freiheit des Gegenübers viel heimtückischer einschränkt als jede andere Form von Zwang. »Versprich mir, dass du alles aufisst!« ist etwas ganz anderes als das schlichte »Iss alles auf!«. »Versprich mir, dass du mir alles erklärst« drückt keinen Wunsch nach Nähe aus, sondern erzwingt Transparenz. Die Forderung nach

einem Versprechen zielt auf die Erklärung eines »Ich verspreche es dir!« als Ausdruck der Unterwerfung ab. Die Fähigkeit des Versprechens, eine Bindung herzustellen, ist so stark, dass es sich manchmal in ein Werkzeug verwandelt, um soziale oder persönliche, religiöse, politische oder intime Beziehungen zu erzwingen, die wir eines Tages vielleicht wieder lösen müssen oder wollen. Das Versprechen erzeugt manchmal auch Delirien, die aus der Frustration geboren werden, aus der Melancholie oder der Erinnerung daran, was wir erhofft haben und was nicht eingetreten ist. Unerfüllte Versprechen sind eine Quelle vieler Pathologien unserer Zeit.

In einem Dorf in der Schweiz gibt ein Polizei-Kommissär ein Versprechen. Er verspricht den Eltern, die vom Schmerz über den gewaltsamen Tod ihrer kleinen Tochter überwältigt sind, den Schuldigen zu finden. Angesichts des unerträglichen Schmerzes der Eltern macht der Kommissär ein Versprechen, das ihn unwiederbringlich zum Verlust seiner Anstellung und zu seinem persönlichen Untergang führen wird. Dieses fatale Versprechen bindet ihn für immer an die Unerträglichkeit des

Schmerzes und an das Verlangen nach Wahrheit. Weder Schmerz noch Wahrheit sind abstrakt, es gibt den toten Körper des kleinen Mädchens und die gescheiterte Aufklärung ihrer Ermordung. Auch nachdem er seine Arbeit verliert, bleibt der Kommissär Matthäi dieser Wahrheit treu bis in den Wahn. Dies ist die Geschichte von Friedrich Dürrenmatts Erzählung *Das Versprechen*, und dieser, hier vorliegende kleine Essay ist eine diskrete Hommage an die unerbittliche Fiktion dieser Figur und ihres seltsamen Wahns.

Vielleicht ist jedes Versprechen eine mehr oder weniger akute Form von Delirium, eine normalisierte Form des delirierenden Ausdrucks. Das Wort *de-lirieren* bedeutet ursprünglich: aus der vom Pflug (*lira*) gezogenen Furche abkommen, das heißt, vom Weg abkommen. Etwas zu versprechen bedeutet, eine Wahrheit einzuführen, die einen eigenen Ort in der Struktur des Realen erfindet. Das Versprechen ist eine geteilte Erwartung, die sicher ist, obwohl sie noch nicht eingetreten ist. Es ist eine Wahrheit, die Gefahr läuft, nicht verwirklicht zu werden, die sich aber durch die Deklaration in eine unwiderrufliche

Verpflichtung verwandelt. Sie beruht auf der Überzeugung der Versprechenden und braucht nichts weiter. Ein Delirium, ein Wahn, ist im Prinzip ein Urteil oder eine Wahrnehmung der Wirklichkeit mit unmöglichen Inhalten. Ein Versprechen hingegen ist insofern wirksam, als es das Handeln auf eine mögliche Zukunft ausrichtet, die zum Bereich einer Verpflichtung wird. Aber wie Dürrenmatts Erzählung von der Hoffnung auf die Lösung eines bis zur Absurdität unmöglichen Falls zeigt, sind die Grenzen zwischen dem Möglichen und dem Unmöglichen ebenso wie jene der Wahrheit nicht logisch, sondern werden jedes Mal aufs Neue verhandelt oder infrage gestellt. Das Versprechen ist eine Handlung des Wortes, die Wahrheit und Wirklichkeit in ein Spannungsverhältnis bringt, indem sie die Grenzen dieser Wirklichkeit nicht anerkennt. Es akzeptiert nicht ihre Möglichkeiten, sondern schafft neue Möglichkeiten.

Leere Versprechen

»An Versprechungen ist jeder so reich, wie er will«, schreibt Ovid in *Liebeskunst*, dem Lehrbuch über

die »Jagd« auf Frauen im alten Rom. Der Vers warnt uns davor, wie leicht es ist, mit Worten Versprechungen zu machen, wie leicht es ist, Versprechen anzuhäufen, ohne die Kosten und Opfer zu bedenken, die sie mit sich führen können. Die Liebe ist ein fruchtbarer Boden für unerfüllte Versprechen. Im Spanischen zeigt die Wiederholung des Wortes »promesas, promesas« an, dass die Versprechen nichts anderes als leere Versprechungen sind, die ohne Konsequenzen erklingen und angehäuft werden. Die Politiker:innen machen Versprechen, die Verliebten machen Versprechen, die Werbung macht Versprechen, die Wissenschaft und die Technologie machen Versprechen, die Medizin macht Versprechen ... Die harmlose Produktion von Versprechen ist grenzenlos und die Versprechen, die nur leere Worte sind, erlauben es, sich alles vorzustellen und viele Ziele zu verfolgen. »Eine Göttin, die trügt, ist sie, die aber doch nützt«, fährt Ovid fort. Sie spart uns Zeit und dank ihr »versäumt man nichts«.

Das Versprechen ist auch die Waffe, mit der Don Juan Tenorio in *Der Spötter von Sevilla* verführt. Er bringt die Opfer seiner Machenschaften um ihre

Ehre, indem er Worte spricht, die eine Verpflichtung ankündigen. Als er Tisbea, die schöne und freie Fischerin aus Tarragona, in ihrer Hütte verführt, sagt sie zu ihm: »Feurig wißt ihr zu verlocken; Gebe Gott, ihr lüget nicht!« Sie nimmt das Versprechen des Verführers an, aber gleichzeitig akzeptiert sie auch ausdrücklich die Möglichkeit der Lüge. Täuschung ist nicht Blindheit, sondern ein lebhafter Wunsch, zu glauben, der aus der Ungleichheit stammt. In diesem Fall handelt es sich um die mindere Stellung der Frau aus dem gemeinen Volk gegenüber einem Adeligen. Wer sollte das uneingelöste Versprechen eines Höhergestellten, der mehr Macht und Kraft besitzt, einfordern?

Das falsche Versprechen ist weniger ein Betrug als eine Machtausübung. In der politisch-medialen Sphäre wird dies am deutlichsten und systematischsten gehandhabt. Ihre Programme und Propagandaapparate nutzen Versprechungen als eine Rhetorik, die Täuschung, Verführung und Pädagogik der Frustration miteinander vereint. Wenn wir für sie stimmen, wissen und akzeptieren wir, dass sie möglicherweise nicht eingehalten werden. Oder dass

die Politiker:innen sie höchstwahrscheinlich nicht einhalten werden. Die Lektion der Politik ist nicht Machtlosigkeit, sondern etwas Schlimmeres: Indem sie leere Versprechungen gibt, lehrt sie uns, dass das Wort nichts wert ist.

Dasselbe gilt für die materiellen und symbolischen Güter. Wir häufen Gegenstände, Bilder und Symbole im Lager der leeren Worte an. Wir sammeln Trostlosigkeit, Wahn und Ressentiment darüber an, woran wir geglaubt haben und was sich nicht erfüllt hat, über das, was wir gekauft haben und uns nicht befriedigt hat, darüber, wovon wir träumen, aber nunmehr der Vergangenheit angehört. Lesen wir die Prophezeiungen George Orwells als Hinweise auf eine Gegenwart, in der wir so weit gekommen sind, dass wir glauben, die Ungewissheit sei unsere einzige Gewissheit und die Apokalypse die einzig vorstellbare Zukunft. In der Welt des Wohlstands werden die Utopien in Museen ausgestellt und die Zukunft an der Börse gehandelt. In der Welt der Armut dagegen gibt es Zombie-Wörter wie »Europa« oder »Amerika«, die die unmöglichen Versprechen eines besseren Lebens zusammenfassen. Warum

müssen wir trotz allem Versprechen machen wollen? Vielleicht müssen wir zuerst all die gebrochenen Versprechen loswerden, die noch heute unser System der persönlichen und kollektiven Erwartungen verletzen. Wir müssen diesen Himmel abschaffen, der wie das Wort Gottes Zeichen einer neuen Welt sein wollte. Vielleicht gibt es immer noch zu viele Versprechen, die zwischen unseren Objekten verborgen sind und von denen unsere Ängste zehren: Versprechungen von Glück, Erfolg, Lust und ewigem Leben.

Gegen diese inflationäre Ökonomie des leeren Versprechens erhebt sich jedoch etwas Beunruhigendes: Das Wort, das etwas verspricht, hat seine eigene Unwiderruflichkeit. Jenseits der betrügerischen Absichten derjenigen, die falsche Versprechungen machen, ist das gegebene Wort unauslöschlich, es hinterlässt eine Spur in der Zeit und im Körper derer, die es dadurch bindet und verpflichtet. »Ich erinnere mich nicht«, »Das habe ich nie gesagt«: Wer das gegebene Versprechen nicht halten will, entwertet es in der Regel, indem er sich auf das Vergessen ausredet oder den anderen in seinem Delirium allein lässt: »Das bildest du dir nur ein.« Das Versprechen

kann nur gebrochen werden, indem die lebendige Spur des gegebenen Wortes ausgelöscht und damit die Bindung, die es geschaffen hat, aufgelöst wird.

Gegen den Betrug des Don Juan kann die Hand der verstorbenen Verlobten in der Legende von Gustavo Adolfo Bécquer angeführt werden. Diese Hand lässt sich nicht begraben, bis der verschwundene Bräutigam zurückkehrt und sie heiratet. Die tote Hand, die aus dem unterirdischen Vergessen auftaucht, erinnert an jene schwarze Dienerin in Südafrika, die, wie Damon Galgut erzählt, die nachfolgenden Generationen daran erinnert, dass die Hausherrin ihr vor ihrem Tod versprochen hatte, ihr das kleine Haus, das sie auf dem Anwesen bewohnte, als Erbe zu vermachen. Ihre Beharrlichkeit definiert die Möglichkeiten der südafrikanischen *Apartheid* neu und widersteht den Versuchen, ihren Anspruch als Wahnvorstellung einer verrückten alten Frau abzutun. Es ist nicht ihr Delirium, sondern das Delirium einer Möglichkeit, die die herrschende Gesellschaft, in diesem Fall die Landbesitzerfamilie, nicht sehen will. Aber sie weiß, dass man ihr nicht

das Blaue vom Himmel versprochen hat, sondern ein Häuschen, das de facto schon ihr gehörte.

In diesem Sinne ist das Versprechen keine Rede, sondern eine Handlung, kein individuelles Hirngespinst, sondern Ausdruck der politischen Vorstellungskraft, die die Bindung und ihre Zeitlichkeit neu gestaltet. Das Versprechen ist eine Übung der Vorstellungskraft, die die Wirklichkeit und ihre Möglichkeiten neu ordnet, ausgehend von einer Verpflichtung und einer Bindung in einer gemeinsam geteilten Zeit. Sein Delirium ist nicht willkürlich, sondern sieht die Wirklichkeit aus einer Perspektive, die sie überschreitet und erweitert. Aber anders als Wünsche, Fantasien, Vorsätze und Absichten hat das Versprechen eine Grenze: Es muss von allen Beteiligten als durchführbar wahrgenommen werden, so schwierig und unwahrscheinlich dies auch sein mag. Die Zeit des Versprechens ist keine Zeit außerhalb der Zeit. Das Versprechen ist ein Potenzial der Zukunft, das die Gegenwart neu ordnet und ausrichtet. Es ist so stark, dass es Angst macht, und deshalb hat man um es herum alle möglichen Strategien

entwickelt, um seine Wirkungen zu neutralisieren: Es wird monopolisiert, relativiert, institutionalisiert, bürokratisiert und hierarchisiert. Das Versprechen ist so stark, dass die höchsten Mächte unserer Zivilisation es zu ihrem Wort gemacht haben: Gott mit seinem Heilsversprechen; der Staat mit seinem Schutzversprechen; und der Kapitalismus mit seinem Versprechen grenzenlosen Wachstums und grenzenloser Akkumulation. Wer darf versprechen, wann und was? Wer wurde historisch vom Raum des Versprechens ausgeschlossen? Und wie können wir als Gemeinschaft uns diesen Raum wieder aneignen? Wenn wir uns auf diese Fragen einlassen, dann entdecken wir eine Geografie der Macht des Wortes und derer, die es ergreifen können.

Das souveräne Versprechen

Seit dem Altertum behauptet sich das Versprechen als Wort »der Herren«: der Herren, die um die Hand einer Frau anhalten und ihr Wort geben, aber auch der Herren, die ihre Gunst selektiv denen anbieten, die ihre Schützlinge oder Auserwählten sein sollen. Ehemann oder Herrscher: Das Versprechen ist in letzter Instanz das Wort Gottes. Es ist die Grundlage der politischen Gemeinschaft und ihrer politischen, religiösen und familiären Institutionen.

Das souveräne Versprechen hat eine theologische Grundlage. Der Gott des Alten Testaments wendet sich an sein Volk, indem er ihm etwas verspricht. Er verspricht einzelnen Personen oder Gruppen Führerschaft, Nachkommenschaft, Land oder Gefolgschaft. Gott bringt seine absolute Macht dadurch zum Ausdruck, dass er die Begünstigten seiner Gnade absolut und bedingungslos erwählt. Dieser willkürliche und launische Gott wird freilich zu einem fordernden Gott. Das Versprechen wandelt sich von einem Geschenk, einer Gabe, einer Gnade,

zur Grundlage des Bundes zwischen Gott und seinem Volk. Es ist ein Bündnis zwischen ungleichen Seiten, und deshalb muss die schwache Seite Anstrengungen unternehmen, um das zu verdienen, wozu sie nie gut genug, geduldig genug und treu genug sein wird, nämlich die Erlösung. Das souveräne Versprechen verliert an Willkür, gewinnt aber an Bedingtheit: Wer bist du, dass du mein Versprechen verdienst? Der Bund ist wie die Verlobung ein Geduldsspiel. Kannst du warten, ohne der Versuchung zu erliegen? Der Schatten der Untreue entsteht mit der Forderung des Versprechens. Der Untreue, die Ungläubige ist als die immer vorhandene und drohende Möglichkeit die Hauptfigur, das ständige Phantasma sowohl der religiösen als auch der ehelichen Ordnung. Jede Untreue der unzuverlässigen und ungeduldigen Geschöpfe, die die Menschen sind, gefährdet das Versprechen und bringt das Bündnis ins Wanken. Es handelt sich also um eine gemeinsame Zeit, die unter der Bedingung der Macht und im Schatten der Bedrohung organisiert wird.

Der Staat als politische Gemeinschaft, die das Dasein ihrer Mitglieder und ihres Territoriums si-

cherstellt, weist vom Römischen Reich bis heute dieselbe Struktur auf, er verspricht aber nicht Erlösung, sondern Schutz. Bevor der Staat von Hobbes theoretisiert wurde und die Form des Nationalstaates annahm, bestimmte er die Grenze zwischen Frieden und Krieg, zwischen Sicherheit und Unsicherheit. Bürger zu sein bedeutet, im Austausch gegen Gehorsam in den Genuss dieses Versprechens zu kommen. Es gibt kein souveränes Versprechen ohne die Gegenleistung des Untergebenen. Wie das göttliche Heilsversprechen beruht auch das staatliche Schutzversprechen auf einer Forderung nach Treue und auf einer Drohung. In diesem Fall handelt es sich um den treuen Gehorsam des Untertanen gegenüber dem Gesetz unter Androhung des sozialen Todes (Verbannung, Gefangenschaft, bis hin zur Todesstrafe etwa bei Desertion oder Verrat von Staatsgeheimnissen). Die Bindung, die der biblische Gott stiftet, ist ein Bund. Die Bindung, die der Staat erzwingt, ist ein Vertrag. In beiden Fällen handelt es sich weder um ein Bündnis noch um einen Vertrag zwischen Gleichen, sondern zwischen dem Volk

(oder, in der christlichen Version, der Menschheit) und dem Herrn oder dem Herrscher.

Die souveräne Macht bestimmt also, wer ein Versprechen geben kann, wer es empfangen kann und wer davon ausgeschlossen ist. Dies ist zum Beispiel bei den Sklaven der Fall. Wie David Graeber und David Wengrow in *Anfänge* darlegen, ist der Status des Sklaven im Gegensatz zu dem des Leibeigenen oder Bauern dadurch bestimmt, dass er von allen gesellschaftlichen Bindungen ausgeschlossen ist. Das beinhaltet, dass er »nichts versprechen und keine dauerhaften Beziehungen zu anderen Menschen aufbauen« kann. Deshalb ist der Sklave nicht frei. Die Freiheit, Versprechen zu geben, ist vielleicht das grundlegendste Element unserer Freiheit, behaupten die beiden Autoren, weil sie die Weise ist, wie wir Freunde gewinnen und uns für andere Personen verpflichten, das heißt frei Verbindungen schaffen, die über jene des Blutes und des Besitzes hinausgehen. Unter dem Gesichtspunkt der politischen, ökonomischen oder religiösen Macht kann diese Freiheit, sich zu verpflichten und etwas zu versprechen, die das grundlegende Element des

menschlichen Daseins darstellt, nicht in die Hände jeder beliebigen Person gelegt werden, und schon gar nicht in die Hände von Gleichen.

Macht zu haben bedeutet, den Raum des vertrauenswürdigen Wortes abzugrenzen und darüber zu entscheiden, wer daran teilhaben kann. Die Treue zum gegebenen Wort ist Grundlage und Bedingung jedes Vertrages oder Bündnisses. Lange vor den Theorien über den Gesellschaftsvertrag organisierte der Vertrag zwischen den menschlichen oder göttlichen Herren die politischen Räume von Krieg und Frieden. Wo kein Vertrag, kein Vertrauen auf das gegebene Wort möglich ist, gibt es nur den totalen Krieg, fehlt jegliche mögliche Norm. Die Beziehung zwischen der Macht und dem Wort wird durch den Eid gestiftet. Die Hauptfunktion des Eides ist, die Wahrheit und die Wirksamkeit der Sprache zu garantieren. Er ist ein für gewöhnlich mündlicher Ritus, der an sich nichts aussagt, außer dass er einen Sprechakt vorbereitet oder abschließt und diesem eine wichtige Bedingung hinzufügt, nämlich dessen Wahrheit und Erfüllung vor dem Zeugen eines höheren Wesens (Gott, Vaterland, das Leben

der eigenen Mutter oder der eigenen Kinder usw.) zu versichern. Giorgio Agamben erklärt in seinem Buch *Das Sakrament der Sprache. Eine Archäologie des Eides*, dass der Eid nicht nur ein institutioneller Effekt ist, sondern mit der Natur des Menschen als einem sprechenden Wesen zu tun hat. Durch den Eid wird ihm der Abgrund bewusst, der zwischen seinem Wort und seiner Wahrheit und zwischen seinem Wort und dem Wort der anderen klafft. Der Eid drückt nicht so sehr die Unterwerfung unter irgendeine Autorität aus, als vielmehr die Fragilität der Verbindung zwischen Worten und Dingen sowie jene der Verbindung zwischen den Sprechenden untereinander. Das Wort, das sich seiner selbst bewusst wird, weiß, dass es über einem Abgrund schwebt. Es kann nicht nur als Lüge ausgesprochen werden, sondern es läuft noch leichter Gefahr, nichts zu bedeuten, weder in Bezug auf die Welt noch in Beziehung zu den anderen.

Die Gefahr der Blasphemie verbindet die Leere mit der Eitelkeit (»leere« oder »eitle Worte sprechen«). Die Authentizität des Wortes (»Ich sage dir die Wahrheit«) ist nicht gegeben, sondern muss

durch alle möglichen symbolischen, rituellen und institutionellen Strategien immer wieder neu bestätigt, sanktioniert und beglaubigt werden. Dabei kann sogar das Leben auf dem Spiel stehen: »Ich schwöre bei meinem Leben.« Gerade deshalb ist der Meineid auch mit dem gesellschaftlichen Tod oder unmittelbar mit dem Tod bestraft worden. Im Raum der Souveränität und ihrer Ordnung, sei sie religiös oder politisch oder beides, hängen Leben und Tod des Gesellschaftskörpers von der Wahrhaftigkeit des Wortes ab.

Das Versprechen ist Teil des Sprachspiels des Eides, geht aber auch darüber hinaus. Der Eid sichert die Ordnung und die Beziehung zwischen den Worten und den Dingen, das Versprechen greift in diese Ordnung ein, indem es eine zukünftige Handlung oder Beziehung in Form einer Verpflichtung gegenüber dem anderen verkündet. Im Falle des souveränen Versprechens wird diese Verpflichtung ausgehend von einem Verhältnis der Unterordnung gegeben, das, wie wir gesehen haben, sowohl die religiöse und politische Ordnung als auch ihren Erwartungshorizont organisiert. Das Versprechen ist

keine Unterform des Eides, wie es den Anschein hat, wenn die säkularen politischen Verantwortlichen etwas versprechen statt zu schwören, sondern es fügt zur Bestätigung der Verlässlichkeit des Wortes eine Orientierung und Bedingungen für die Untertanen und Gläubigen hinzu.

Die Tatsache, dass das Versprechen eine neue Ordnung einsetzt, impliziert nicht, dass diese Ordnung deshalb unmittelbar legitim ist. Es gibt einen kuriosen historischen Fall, der zu humoristischen Ausdrücken in der spanischen Umgangssprache geführt hat. Es handelt sich um das »Ich kann versprechen und ich verspreche« in der Rede des spanischen Ministerpräsidenten Adolfo Suárez vom 13. Juni 1977, zwei Tage vor den ersten demokratischen Wahlen nach dem Tod Francos. Suárez war ein struktureller Bestandteil der Diktatur. Als Mitglied des Generalsekretariats der staatlichen Einheitspartei Movimiento wurde er von König Juan Carlos – seinerseits von Franco zum Staatsoberhaupt ernannt – damit beauftragt, die Regierung zu bilden, die die Wahlen ausrufen sollte. Die Legitimität, den Übergang zu einer echten Demo-

kratie zu gewährleisten, war ziemlich beschränkt, um nicht zu sagen unglaubwürdig, aber diese Rede änderte die Dinge so sehr, dass Suárez völlig unerwartet die Wahlen gewann. Es war eine sehr kurze Rede von wenigen Minuten, in der er sieben Mal den Ausdruck »ich kann versprechen und ich verspreche« verwendete. Die Wiederholung erzeugte eine Emphase, die mobilisierte. Wichtig waren nicht so sehr die Versprechungen und ihr Inhalt, sondern die (selbsterklärte) Tatsache, sie machen zu können. Er versprach nicht nur, sondern er bescheinigte die Glaubwürdigkeit seines diskursiven und politischen Handelns auf der Grundlage der Macht, die er sich selbst einräumte. Es waren unsichere Versprechungen wie die Ausarbeitung einer Verfassung unter Beteiligung aller, die Verständigung mit allen sozialen Akteuren, die Durchführung einer Steuerreform, die nicht die Reichsten begünstigt, die Einigung auf eine neue Territorialstruktur, die Schaffung von Transparenzmechanismen, der Aufbau eines Landes für alle; durch das »Ich kann versprechen und ich verspreche« erschienen die Vorschläge im Gegensatz zu den magischen Lösungen der anderen politischen

Kräfte als durchführbar. Die Schaffung einer neuen Legitimität ist ein Kampf der Versprechen, nicht nur zwischen politischen Programmen, sondern auch zwischen deren Glaubwürdigkeit. Der Souverän ist nicht notwendigerweise derjenige, der über die meiste Macht verfügt, sondern derjenige, der seine Fähigkeit, Versprechen zu halten, am glaubwürdigsten und wünschenswertesten erscheinen lässt.

Parodie und Verdächtigkeit des Versprechens

1605 erschien ein Werk, das den performativen Charakter des Versprechens, insbesondere des souveränen Versprechens freilegte: *Don Quijote de la Mancha*. Die Hauptwerke der modernen politischen Philosophie und der Fundierung der Souveränität des Staates im Vertrag und im Versprechen waren noch gar nicht erschienen. Hobbes' *Leviathan* stammt aus dem Jahr 1651. Der moderne Staat war im Entstehen begriffen, als ein Ritter mit dem »Versprechen jenes unendlichen Abenteuers« durch karge südeuropäische Gebiete zieht, das darin besteht, zum Ruhme seiner geliebten Dulcinea »Un-

recht zu beseitigen«. Don Quijotes parodistisches Versprechen führt zu einem endlosen Netz weiterer Versprechen, die die Handlung des Abenteuerromans vorantreiben: Versprechen Don Quijotes an Sancho, Don Quijotes an Dulcinea und zahlreicher Figuren untereinander.

Dieses ganze Geflecht von Versprechen beruht auf einem grundlegenden Versprechen, das niemand konkret ausgesprochen hat, das aber aus einem fantastischen Fundus der Vorstellungskraft stammt, nämlich aus den Ritterromanen, die das Versprechen enthalten und vermitteln, dass es möglich ist, die Alltagswirklichkeit als etwas zu begreifen, das über die Traurigkeit, die Gemeinheit, die Verschlagenheit und über den Zynismus hinausgeht. Das grundlegende Versprechen, das alle Versprechen, die die Figuren des *Don Quijote* miteinander verbinden, in Bewegung setzt, ist die Möglichkeit eines Lebens, das anders ist als das Leben, das sich uns so offensichtlich zeigt. Um dieses Versprechens würdig zu sein, es verkörpern und leben zu können, muss sich der arme Alonso Quijano aber verwandeln. Das Versprechen, das ihm die Ritterromane bieten,

ist nicht für jedermann bestimmt. Nur einem Ritter ist es erlaubt, Versprechen zu geben und einzulösen. In einer Gesellschaft, die einen großen Teil ihrer Bevölkerung immer noch außerhalb des Bereichs der Glaubwürdigkeit hält, ist die Zugehörigkeit zum Adel die Bedingung dafür, dass das Wort dem Lärm des Geschwätzes entzogen ist. Das Volk plappert, die Adeligen aber können ihr Wort geben und den vorstaatlichen politischen Raum auf der Grundlage von Vertrag und Verrat organisieren. So überzeugt also ein der literarischen Fantasie entsprungener Ritter einen armen Bauern davon, dass, wenn er ihn auf seinen Heldentaten begleitet, er ihn eines Tages zum Gouverneur der Insel Barataria machen werde und noch vieles mehr. Durch Gestik und Rhetorik macht der Ritter sein Versprechen glaubhaft und begehrenswert. So wird Sancho Panza sein Schildknappe.

Don Quijote ist der Narr, der uns die Wahrheit sagt, und eine wichtige und grundlegende Wahrheit ist eben, dass jedes Versprechen ein geteilter Wahn ist. Cervantes konstruiert keine Theorie des Versprechens, sondern eine Parodie des Wahns des Versprechens. Er bringt uns eine delirierende Figur

näher, damit wir unsere eigenen Delirien erkennen. Die Figur macht unglaubwürdige Versprechungen, aber in dem Maße, in dem sie diese lebt und daran glaubt, haben sie einen Schimmer von Wirklichkeit, ob sie nun erfüllt werden oder nicht. Don Quijotes Verrücktheit ist unsere Verrücktheit, wenn wir glauben, dass die Wirklichkeit ein Versprechen auf etwas Besseres enthält, für das wir mit unseren eigenen Versprechen einstehen müssen. Wie der italienische Philosoph Remo Bodei in *Le logiche del delirio. Ragione, affetti, follia (Die Logiken des Wahns. Vernunft, Affekte, Wahnsinn)* schreibt, ist der Wahn die Krankheit des Glaubens, der die Überzeugung über die Wahrheit und die Wirklichkeit über die Evidenz stellt. Er ist nicht unlogisch, sondern verkörpert eine Logik des Überschusses, die versucht, Verbindungen zwischen verschiedenen Trümmern eines eingestürzten Hauses herzustellen.

Im Wahn wie im Versprechen sind Wahrheit und Überzeugung voneinander getrennt. In *Don Quijote* wird diese Trennung parodiert. Dürrenmatts *Das Versprechen* ist schwärzeste Tragödie. Der Polizist, der den Eltern versprochen hat, die

Wahrheit über den Mord am im Wald gefundenen Mädchen herauszufinden, bleibt seinem Wort so sehr treu, dass er seine Arbeit verliert und nicht nur von der Gesellschaft, die ihn beobachtet, sondern auch von den Institutionen, die ihn überwachen, für unheilbar verrückt angesehen wird. Er verliert den Kopf und das Leben, aber zu keinem Zeitpunkt die Überzeugung, die sein wahnsinniges Handeln leitet. Wie der Ritter von La Mancha glaubt er, dass die Wiedergutmachung des Schadens möglich ist, während er eine Deutung der Wirklichkeit ausgehend von Spuren konstruiert, die ihn zum Mörder führen. Es ist das eine Lesart, die gegen jede Evidenz verstößt, aber sie ist nicht falsch. Sie folgt nur nicht dem, was Bodei die Orthodoxie der Wirklichkeit nennt. Im Land des Wahns wie im Land des Versprechens ist das Einzige, was den Wahnsinn vom Verstand trennt, dass man rechtzeitig aufhören kann. Weder Don Quijote noch der ehemalige Schweizer Polizist Matthäi hören dort auf, wo die Institutionen ihrer Zeit die Grenzen der Wahrscheinlichkeit setzen. Sie klammern sich an Versprechen, die sie nicht halten können. Dennoch sind es keine falschen

Versprechen, im Gegenteil, sie zeigen die Falschheit der Wahrscheinlichkeit und ihrer instituierten Ordnungen.

Das Versprechen spannt einen Bogen von der Souveränität bis zum Wahnsinn. Wer verspricht, kann ein Gott sein, ein König oder ein Pirat. Diese Ambivalenz, die das ganze Spektrum der Möglichkeiten der Vernunft abdeckt, weckt den misstrauischen Blick eines Philosophen wie Nietzsche, dessen kritisches Fragen von der Notwendigkeit geleitet wird, zu erkennen, was hinter unseren höchsten Werten steckt. Das Versprechen ist das Wort der Herren, sei es als Zeugnis der Macht oder als ruinöse Parodie. Was macht es so wichtig? Im ersten Absatz der zweiten Abhandlung der *Genealogie der Moral* stellt der deutsche Philosoph eine Überlegung über das Versprechen an, die alle späteren philosophischen Annäherungen an das Thema geprägt hat. Als Begriffsdetektiv spürt Nietzsche dem Ursprung der Verantwortung nach. Woher kommt die Vorstellung, dass der Mensch sich für seine Handlungen und seine Absichten verantworten kann oder muss? Ein Versprechen zu geben und es zu halten, bedeutet,

weiterhin das zu wollen, was man einmal wollte. Es greifen zumindest drei Elemente ineinander: ein Wille, der sich selbst als frei wahrnimmt, eine Erinnerung an diesen Willen als den eigenen, und eine Zukunft, die als verfügbar angesehen wird. Wie Nietzsche zeigt, hängen alle diese Elemente von einer sehr raffinierten Konstruktion des Willensgedächtnisses und von einer sehr großen Sicherheit der damit verbundenen Beherrschung ab.

Wer darf Versprechen abgeben?, fragt Nietzsche. Nur das souveräne Individuum, wie es auch hier genannt wird. Das heißt der Mensch, der einen eigenen Willen und Bewusstsein von Macht und Freiheit hat. Die ersten Zeilen der zweiten Abhandlung der *Genealogie der Moral* sind unzählige Male zitiert worden: »Ein Tier heranzüchten, das versprechen darf – ist das nicht gerade jene paradoxe Aufgabe selbst, welche sich die Natur in Hinsicht auf den Menschen gestellt hat? Ist es nicht das eigentliche Problem vom Menschen?« Es handelt sich um ein Problem, weil kein Individuum der menschlichen Gattung von Natur aus mit diesem Bewusstsein und mit dieser Herrschaft geboren wird. Sie sind

das Ergebnis einer komplexen und schmerzhaften Konstruktion. Noch bevor Freud *Das Unbehagen in der Kultur* schrieb, beschrieb Nietzsche genau die kulturelle Operation, die die Schaffung eines Gedächtnisses mit sich bringt, das über die Nützlichkeit des individuellen und konkreten Gedächtnisses der anderen Tiere hinausgeht. »Wie macht man dem Menschen-Tiere ein Gedächtnis?« Der ganze Kulturapparat ist das Werkzeug einer »schmerzvollen Mnemotechnik«, die mit Blut und Feuer auf den Körpern fixiert und einbrennt, was für die anderen unvergesslich und unauslöschlich sein soll. Diese Fixierung ist paradoxerweise die Voraussetzung für Freiheit als Selbstbeherrschung. Die Möglichkeit, Versprechen zu geben und sich in ihnen wiederzuerkennen (als Einzelner oder als Gemeinschaft), ist der höchste Ausdruck dieser Herrschaft.

Die andere Seite der Herrschaft, ihre Kehrseite oder Furcht, enthält zwei ebenso heimtückische wie wirksame Phantasmen: die Schulden und die Schuld. Nietzsche erinnert uns daran, dass diese Wörter miteinander verwandt sind. Die deutsche Regierung hat das in der Krise ab 2008 gegenüber

den anderen europäischen Ländern nicht anders gesehen: Eure Schulden sind eure Schuld (und umgekehrt) und deshalb verdient ihr Strafe. Es handelte sich nicht nur um ökonomische Schulden. Auf dem Spiel stand auch das Versprechen eines Europas des Wohlstands, eines Europas des Kapitals, das in den Wachstumsraten die Voraussetzung dafür sah, weiterhin ein Modell und ein Vorbild in Sachen politischer Rechte und Freiheiten zu sein. Wer hat dieses Versprechen konstruiert, sein verzerrtes Gedächtnis und seine Zukunft, die nur wenigen offensteht? Wer muss die Ökonomie dieses Versprechens und der entsprechenden Schulden und der Schuld verwalten? Nietzsche würde antworten: Derjenige, der die Macht hat zu strafen.

Das souveräne Versprechen gründet in letzter Instanz auf der Macht, diejenigen zu bestrafen, die ihr gegenüber schuldig geworden sind, sei es das untreue Volk, der abtrünnige Untertan oder das verschuldete Individuum. Die Wirksamkeit des Deliriums hängt auch von der Effizienz der Drohung ab, die es mit sich führt. Das ist der große Wurf der Souveränität, welcher Art sie auch sein mag: Jeder

kann Schaden zufügen, aber nur die Herren (des Gesetzes, der Moral, der Banken oder des Hauses) können bestrafen. Deshalb kämpft der Ritter Don Quijote, aber er bestraft nicht, er verspottet nicht, sondern wird verspottet, und er kann keine Schulden eintreiben, sondern nur zusehen, wie seine Armut wächst. Weil seine Versprechen nicht souverän sind, sondern die Parodie aller Souveränitätsbestrebungen, wird er immer derjenige sein, der die letzten Schläge einsteckt.

Das grenzenlose Versprechen

Der Kapitalismus aktualisiert und verbreitet die Logik und die Ökonomie des Versprechens in allen Bereichen der Gesellschaft. Er basiert nicht nur auf einem Versprechen, das den Sinn und die gemeinsame Zeit organisiert, sondern als System drückt und spricht er selbst ein Versprechen aus, nämlich das Versprechen der unbegrenzten Akkumulation oder des unbegrenzten Wachstums. Der Kapitalismus macht aus dem nutzlosesten Gegenstand ein Versprechen auf ein besseres Leben. Das ist seine Anmut: Alles, was er berührt, erhält die magische Kraft eines ungreifbaren Versprechens, auf das die unterschiedlichsten und sogar widersprüchlichsten Hoffnungen projiziert werden können. Der Kapitalismus ist das Lebenssystem, in dem das Versprechen lautet, dass alles zu einem Versprechen werden kann.

Der Wahn der Spielsüchtigen besteht darin, zu glauben, dass sie eines Tages ganz viel Geld gewinnen werden, obwohl sie jedes Mal wieder verlieren. Der Wahn von uns allen, die wir im Kapitalismus

leben, besteht darin, zu glauben, dass, obwohl alles schlecht läuft, es uns irgendwann besser gehen wird. Dass, obwohl wir viele Ungerechtigkeiten sehen, das System selbst die Werkzeuge bereitstellt, um sie zu beseitigen. Dass, obwohl wir den Planeten ausbeuten und erschöpfen, dieselben Unternehmen, die das tun, das Problem lösen können. Dass, obwohl wir im Leid ersticken, das Glück möglich ist, zum Greifen nahe oder in Reichweite der nächsten Pille. Der Kapitalismus selbst ist das Versprechen, das immer wieder erneuert wird, auch wenn es systematisch uneingelöst bleibt.

Das ist der Wahn des Grenzenlosen. Obwohl es nicht vollständig verwirklicht ist, kann es immer verwirklicht oder besser ausgeführt werden. Im Kapitalismus gibt es nie genug Reichtum, nie genug Wohlstand, nie ausreichend Produktion, Gerechtigkeit oder Freiheit, weil es immer mehr davon geben kann. Deshalb gibt es immer etwas zu hoffen, worauf man hinarbeiten, wofür man weiter funktionieren muss.

Wer gibt dieses Versprechen und wer hält es aufrecht? Das ist der Zauber bei der Sache: niemand

und alle. Im Kapitalismus ist das Versprechen die Logik und der Sinn, der alles durchdringt. Das ist gerade das System und seine Funktionsweise. Das Versprechen ist also nicht mehr das gegebene Wort, sondern es fungiert als eine Struktur der Interpretation der Wirklichkeit und unserer selbst. Ohne dass jemand etwas verspricht und den Sprechakt des Wortgebens vollzieht, interpretieren wir jeden Aspekt der Wirklichkeit und der anderen im Licht des Versprechens, das sie bieten. Jede Unternehmung, jede Entscheidung, jeder Gegenstand, jede Person oder Beziehung hat nur dann einen Wert, wenn sie etwas verspricht. Ihr Wert liegt darin, Investition, Potenzial, Verwertbarkeit zu sein. Die Bedingung des Versprechens geht in die Dinge und in unsere Lebensläufe als Subjekte eben dieses Wertes über.

Wenn niemand das Versprechen ausgesprochen hat und niemand das Wort gegeben hat, welche Bindungen und Verpflichtungen gehen damit einher? Der Kapitalismus ist eben ein System, das viel Zustimmung, ja Begeisterung verlangt, aber wenig Bindung und noch weniger Verpflichtung. Die gemeinsame Zeit des grenzenlosen Versprechens des

Kapitalismus ist auch die grenzenlose Zeit der Zirkulation, der Flexibilität und ständigen Transformation von Geist und Materie. Luc Boltanski und Ève Chiapello stellen in ihrem bereits klassischen Buch *Der neue Geist des Kapitalismus* die Frage: Warum findet ein System, das keine Bindungen stiftet und alles auflöst und in Bewegung versetzt, so viel Zustimmung? Die Verpflichtung durch Zwang ist in bestimmten Fällen direkter Bedrohung greifbaren Unglücks (Massenentlassungen, Betriebsverlagerungen, Zwangsräumungen ...) wirksam, so argumentieren sie, erklärt aber nicht die Funktionsweise eines ganzen Systems, das so viel Beteiligung verlangt. Deshalb wollen sie den Weber'schen Geist des Kapitalismus analysieren, der über einen religiösen Hintergrund hinausgeht. Der Geist des Kapitalismus ist die Gesamtheit der mit der kapitalistischen Ordnung verbundenen Überzeugungen, die zu ihrer Rechtfertigung und Aufrechterhaltung beitragen. Es handelt sich um Rechtfertigungen, die weder auf unmittelbarer Befriedigung noch auf einem Tauschkalkül beruhen, aber oft mühselige Lebensbedingungen im Rahmen einer Ideologie und vermittels

der Zustimmung zu einem Lebensstil hinnehmen lassen. Boltanski und Chiapello fassen diese Rechtfertigungen unter drei Gesichtspunkten zusammen: Wachstum des gemeinsamen Reichtums, Effizienz bei der Bereitstellung von Dienstleistungen und Lösungen, und zunehmende politische Freiheiten, die die kapitalistischen Gesellschaften trotz ihrer Unzulänglichkeiten und Ungleichheiten bieten.

Dieser Analyse zufolge könnte man sagen, dass Wachstum, Effizienz und Freiheit die drei Dimensionen des grenzenlosen Versprechens des Kapitalismus sind. Es sind leere und relative Werte: Wir können sie nur wahrnehmen, wenn wir sie mit Systemen vergleichen, die weniger effizient und weniger frei sind und weniger Wohlstand schaffen. Deshalb mussten die kapitalistischen Länder, auch nach dem Ende der bipolaren Welt, obwohl sie in vielen grundlegenden Aspekten globalisiert sind, das Phantasma entweder von weniger reichen, freien und effizienten politischen Gebilden oder von Katastrophenszenarien nähren, die das grenzenlose Versprechen bedrohen. Während das Versprechen der göttlichen Erlösung die Drohung der Verdammnis und das Versprechen

des staatlichen Schutzes die Drohung des Krieges enthält, birgt das grenzenlose Versprechen des Kapitalismus die Bedrohung seiner eigenen Grenzen. Die Katastrophe besteht darin, an seine Grenzen zu stoßen, also nichts mehr versprechen zu können.

Wir haben die Grenzen unseres Planeten erreicht, heißt es immer öfter, als wäre es eine Binsenweisheit. Sie wurde 1973 vom Club of Rome verkündet, und wir erfahren sie jeden Tag auf unterschiedliche Weise, nicht nur in den offensichtlichsten Aspekten (Ressourcen, Energie, Wasser, Erze und Rohstoffe), sondern auch in den verschiedenen sich überlagernden Krisen, die die Grenzen des Wirtschaftssystems, der sozialen Systeme, der politischen Repräsentation und der physischen und psychischen Gesundheit aufzeigen. Die Zeit des grenzenlosen Versprechens wird so zu einer Zeit der permanenten Bedrohung.

Wenn sich die Erde und unsere Lebensweise auf ihr erschöpfen, tauchen neue Vorstellungen von Grenzenlosigkeit auf. Diese Vorstellungen sind vielfältig, lassen sich aber im Wesentlichen in drei Kategorien zusammenfassen: emotionale, kognitive und technowissenschaftliche. Im ersten Fall wird

das gebrochene Versprechen des Glücks, das sich als unerreichbar erwiesen hat, durch eine konstante und unbefristete Verwaltung der Emotionen ersetzt. In einer Gesellschaft, die vom drohenden Zusammenbruch gekennzeichnet ist, bleibt als einziger Spielraum für Handeln und Widerstand die emotionale Verwaltung dieses Zusammenbruchs. Die zweite Art ersetzt das uneingelöste Versprechen der vollständigen Autonomie als emanzipatorischer Wirkung von Erziehung und Zugang zu Wissen durch die permanente Aktivität eines sowohl menschlichen als auch künstlichen Lernens. Sie verspricht keine Selbstständigkeit, sondern höchstens Selbstregulierung, und sie zielt nicht auf die Emanzipation des Subjekts ab, sondern auf die unbegrenzte Erweiterung seiner Fähigkeiten. Das dritte Bild des Unbegrenzten schließlich ist heute das der technowissenschaftlichen Innovation. Sie verspricht nicht »die Lösung«, sondern die permanente Herstellung von effektiven und unmittelbaren Lösungen für immer neue und konkrete Probleme.

In jüngerer Zeit hat das grenzenlose Versprechen einen neuen Protagonisten gefunden, der in der

Lage ist, alle Versprechen zu verkörpern, nämlich die künstliche Intelligenz (KI). Wir sprechen ihren Namen mit Furcht und Ehrfurcht aus, ohne genau zu wissen, wovon wir sprechen, und ohne zu entscheiden, ob sie das sein wird, was die Menschheit vor sich selbst rettet, oder ob sie das Ungeheuer sein wird, das uns endgültig besiegen wird, geistig durch Algorithmen und physisch mit dem Zusammenbruch von Umwelt und Energie, zu dem sie exponentiell beiträgt. Die Expertin Helga Nowotny erklärt, dass das, was uns dazu bringt, der KI zu vertrauen und auf sie zu setzen, als würden wir als Spezies und als Zivilisation unsere Zukunft aufs Spiel setzen, ihre Vorhersagefähigkeit ist. Wie sie in *Die KI sei mit euch. Macht, Illusion und Kontrolle algorithmischer Vorhersage* zeigt, handelt es sich um eine paradoxe Fähigkeit, weil sie die Zukunft so an die Gegenwart annähert, dass sie miteinander zusammenfallen. Die Vorhersagealgorithmen analysieren keine Kausalbeziehungen, sondern Wahrscheinlichkeitsmodelle, die auf der Verarbeitung einer unvorstellbaren Menge von Daten aus der Vergangenheit beruhen. Sie aktualisieren also eine

Vergangenheit, die sie nicht infrage stellen, und übersetzen sie in die Beschreibung einer Zukunft, die sich dank der Legitimität, die wir der Wissenschaft zuschreiben, leicht in die einzig mögliche Zukunft verwandelt. Auf diese Weise erhält der Algorithmus jene performative Kraft, die wir als »selbsterfüllende Prophezeiung« nennen. Die aus der Vergangenheit abgeleitete Zukunft bestimmt kritiklos unser Verhalten und unsere Entscheidungen in der Gegenwart. Die KI verspricht nicht, aber wir projizieren in sie das Versprechen eines sicheren Verhältnisses zur Ungewissheit dessen, was noch nicht geschehen ist, dessen, was anders sein kann, weil es noch nicht geschehen ist. Das Paradoxe daran ist, dass dieses Versprechen nicht von der Maschine ausgesprochen wird. Die Maschine sagt voraus, ohne zu versprechen. Sie ist ein Gott ohne Stimme, eine leere Macht ohne Bindung und ohne Verpflichtung. Eine übertragene Intelligenz, die zur Verwalterin der gemeinsamen Zeit eines Bewusstseins wird, das Schiffbruch erleidet.

Schiffbruch

Ein Bewusstsein, das Schiffbruch erleidet, kann nur durch das Versprechen der Rückkehr überleben. Die Rückkehr an Land bedeutet eine Rückkehr zu Erinnerungen, zu vertrauten Gesichtern; es bedeutet auch Rückkehr zu den Wegen des Unbewussten. Dies könnte eine Metapher für die Situation der Menschheit und ihre Beziehung zur Erde sein. Ohne weggegangen zu sein, haben wir sie in Stich gelassen und wissen nicht, wie wir zu ihr zurückkehren können. Wir sind ein Bewusstsein, das zwischen Katastrophenfantasien und gefährlichen Erlösungswünschen Schiffbruch erlitten hat.

Vor ihrem Tod arbeitete die argentinische Schriftstellerin Silvina Ocampo unablässig an der Beschreibung eines Schiffbruchs. Mehr als zwanzig Jahre lang, bis ihre Stimme versagte, feilte sie an den Namen und Geschichten von *La promesa (Das Versprechen)*, dem »Wörterbuch der Erinnerungen« einer Frau, die vom Deck eines Schiffes ins Meer gestürzt ist. Sie kann gut schwimmen, ist jung und hat zunächst keine Angst. Sie nimmt die unerwartete

Situation als Herausforderung an (»Um nicht einzuschlafen, habe ich meinen Gedanken eine Ordnung auferlegt«) und sie gibt ein Versprechen ab: Sie verspricht der heiligen Rita, dass sie, wenn sie gerettet wird, ein Buch mit all den Erinnerungen schreiben wird, die sie während ihres Schiffbruchs aktiv und wach gehalten haben. »Ich, die es immer für sinnlos hielt, ein Buch zu schreiben, habe mich heute dazu verpflichtet, ein heiliges Versprechen zu erfüllen.« Von außen betrachtet ist das Meer eine große blaue, graue, grüne oder schwarze Masse. Aber sobald eine Frau ein Teil davon wird, tauchen alle möglichen Wesen um sie herum auf und schwimmen mit ihr, neugierig oder gleichgültig. Das Vorbeiziehen einer Schildkröte mit einem Fleck erinnert sie an den Schneider und an die Obstverkäuferin aus ihrer Nachbarschaft, die beide ein Muttermal auf der Wange hatten. Aus diesen alltäglichen Bildern entsteht eine Reihe von Präsenzen, die sich auf den gefährlichen Wegen eines Lebens bewegen, das im Begriff ist, zu ertrinken. Dieses Leben ist die offene Menge von Namen, die auf die eine oder andere Weise seinen Weg kreuzten. Nur Menschen, weder

Beziehungen noch Situationen. Unter ihnen taucht eine Obsession auf: Leandro, der Junge, in den sich alle verliebten, der aber mit keiner glücklich sein konnte, weil er immer mehr erwartete, bis er auf dem Boden ein Heft fand, das aus einem Fenster gefallen war. »Ich bin der mir bekannten Personen überdrüssig. Diese Blätter waren das Versprechen von etwas Neuem.« Für beide ist das Versprechen das Gegenmittel gegen das Ertrinken, im allzu einsamen Meer oder in der allzu bekannten Welt. Das Versprechen der Erzählerin verwebt durch die Stimme ihres Bewusstseins die bekannte Welt mit der Unermesslichkeit des Meeres. Leandro erhält das Versprechen einer unbekannten Stimme, die ihm erlaubt, sich vorzustellen, dass es ein Leben jenseits der Gesichter, Straßen und Wohnungen gibt, in denen auch seine Träume Schiffbruch erlitten haben.

In Situationen, die sich verschließen, öffnet das Versprechen ein Intervall. Es kann gefüllt werden oder auch nicht: Das Versprechen kann leer bleiben, nur eine Ankündigung sein oder voraussichtlich scheitern. Ocampo sagt uns nicht, ob ihre Erzählerin es an Land schafft, obwohl sie uns das nahe

legt, weil es das Buch ja gibt. Sie sagt uns auch nicht, was auf den Seiten stand, die Leandro als Hauch eines atmenden Universums in die Hände fielen. Das Versprechen öffnet ein Intervall, in dem es sich zu halten gilt. Das ist sein Paradox. Es trotzt der Zeit der Unwiderruflichkeit (ich werde ertrinken), aber auch der Zeit der Beliebigkeit (ich weiß nicht, wohin ich mich wenden soll). Der Philosoph Paul Ricœur sagt, dass das Versprechen ein Sprechakt ist, der das »Alles ist möglich« unterbricht. Es ist eine Modalität der Kontinuität in der Zeit, die sich von der des Charakters unterscheidet, der identisch bleibt, und auch von der Zeit des Projekts, die durch das Gefühl der Macht und der Handlungsfähigkeit bestimmt wird. Wer bin ich oder wie bin ich und was kann ich tun. Das ist das Kreuz des Ichs, das Kreuz, in dem sich Talente und Projekte, Identität und Fähigkeit treffen müssen. Das Leben, nicht das »Ich«, steht Leandro oder der ertrinkenden Stimme Ocampos näher. Wir schwimmen und haben nur ein paar Atempausen, um den Kopf halb aus dem Wasser zu bekommen. So ist das Leben eines jeden, aber auch die allgemeine Situation der Menschheit.

Es gibt kein Projekt, auch wenn wir so tun, als hätten wir eins nach dem anderen. Und wir wissen weder, wer wir sind noch wie wir sind, auch wenn wir uns an einen immer detaillierteren Katalog von Attributen und Identitäten klammern.

Ricœur betont den grundlegenden Unterschied zwischen der Sprache des Projekts und der Sprache des Versprechens. Das Versprechen akzeptiert die Fragilität des Subjekts und die Lückenhaftigkeit unseres Wissens über das, was sich uns entzieht. Es ist wie der Fleck auf dem Panzer einer Meeresschildkröte. Das Versprechen erfindet etwas, das es nicht kennt, und es liegt nicht in unseren Händen, es zu verwirklichen. Gegenüber der Freiheit, die dieses ungewisse Intervall eröffnet, sind das souveräne Versprechen und das grenzenlose Versprechen zwei Figuren, die jede Fragilität und jedes Nichtwissen gerade zu bannen versuchen. Sie versprechen, uns vom Schiffbruch zu retten (Erlösung, Schutz, Erfolg), um uns am Schwimmen zu hindern. In den Händen Gottes, des Souveräns oder des Kapitalismus ist alles möglich, wenn wir uns ihren Versprechen anvertrauen. Wenn die Welt verschwindet, ist alles

möglich. So hat Hannah Arendt die Möglichkeit des Totalitarismus und jeglicher autoritären Macht beschrieben. Der Verlust der Bindung tritt ein, wenn das »Dazwischen«, sprich die Intervalle verschwinden, und alles wird dann zur Wüste oder zum offenen Meer, ohne Logbuch und ohne Erinnerung.

Der menschliche Geist erfährt Brüche. Das Bewusstsein kann gebrochen werden oder Schiffbruch erleiden. Für Ricœur ist das Ich des Versprechens nicht dasjenige, das sagt »So bin ich«, sondern dasjenige, das sagen kann: »Hier bin ich.« Ocampos Erzählstimme hält an sich selbst fest, und sei es nur von Schwimmbewegung zu Schwimmbewegung. Versprechen ist Gegenüber-Stellen. Aber es gibt Momente, in denen dieses Hier und dieses Gegenüber die Fragilität eines Intervalls nicht dulden können. Sie werden Feuer, Untergang oder Stellungskrieg. Das ist die Zeit des Unfalls.

Der Unfall radikalisiert den Schiffbruch, indem er eine Unterbrechung, einen Einschnitt, ein Vorher und ein Nachher einführt. Er trennt die Zeiten und zerrüttet die Identitäten. Ein Unfall, so banal er auch sein mag, ist ein Akt, der die Verkettung der

Begebenheiten unterbricht, eine Unterbrechung oder Abzweigung, die uns von dem trennt, was wir waren oder zu sein glaubten. Ein Teller fällt zu Boden, wir fahren gegen ein anderes Auto, ein Atomreaktor hat einen Störfall oder wir erleiden einen Schlaganfall ... das sind sogenannte »Unfälle«. In ihnen kreuzen sich Handlungen und Entscheidungen, die wir allerdings weder den Vorfällen selbst noch irgendeiner Absicht direkt zuschreiben. Wem ist es also geschehen? Wer erleidet es oder wer profitiert davon? »Ich war's nicht«, sagt der, dem der Teller aus der Hand gerutscht ist. »Wir waren's nicht«, sagen diejenigen, die hoch radioaktives Material den Unbilden des Meeres oder veralteter Anlagen ausgesetzt haben. Wie die Philosophin Catherine Malabou in *Ontologie des Akzidentiellen* analysiert, »ist es notwendig, festzustellen und anzuerkennen, dass wir uns alle eines Tages in eine andere Person verwandeln können.« Malabou bezieht sich auf die radikale Erfahrung von Hirnverletzungen, degenerativen Krankheiten oder Alterungsprozessen, die nicht nur zu einer allmählichen Veränderung des Lebens führen, sondern auch die grundlegendste Identität

verändern: Man ist nicht mehr man selbst und in vielen Fällen nicht in der Lage, sich dieser Veränderung bewusst zu werden. Sie nennt dies »destruktive Plastizität« und zeigt, wie die Zeit nicht immer wie ein geduldiger Bildhauer, sondern wie ein unerfahrener Sprengmeister an uns arbeitet. Abgesehen von konkreten körperlichen Phänomenen – wie oft und unter welchen Umständen haben wir ähnliche Veränderungen erleben können? Dass man nicht mehr derselbe ist, dass man sich nicht mehr wiedererkennt und dass man sich nicht mehr an dem orientieren kann, was einmal war? Ist das eine Katastrophe oder eine Befreiung?

Die Zeit des Unfalls scheint der Zeit des Versprechens entgegengesetzt zu sein. Während das Versprechen das Wort ist, das Vergangenheit, Gegenwart und Zukunft in einer Verpflichtung und Bindung umfasst, trennt der Unfall sie voneinander. Das Versprechen ist der geteilte Wahn, der das Mögliche denkbar macht, der Unfall ist das Ungedachte, das es verwüstet. Der Unfall entspricht auch der willkürlichen Logik des »Alles ist möglich«. »Die destruktive Plastizität entfaltet

ihr Wirken in der Erschöpfung der Möglichkeiten, wenn alle Virtualität längst verschwunden ist, wenn das Kind im Erwachsenen ausgelöscht ist, wenn der Zusammenhalt zerstört und der Familiensinn verschwunden ist, wenn die Freundschaft verloren gegangen ist und die Bindungen aufgelöst sind, in der zunehmenden Kälte eines verwüsteten Lebens.«

Die Zeit des Unfalls scheint der Zeit des Versprechens entgegengesetzt zu sein, bis wir zu unserem Schweizer Ex-Polizisten zurückkehren und verstehen, dass der Unfall, der sein Leben in zwei Teile gespalten hat, gerade das unerwartete Versprechen war, das er den Eltern des ermordeten Kindes gegeben hat. Dürrenmatt beschreibt detailliert, wie sich die Gewohnheiten seiner Figur verändern, bis hin zu seinem Aussehen und seiner Sprechweise. Er verliert nicht nur seine Stelle und die Projekte, die seine Karriere bestimmt hatten, sondern sein ganzes Wesen verändert sich für die anderen und für ihn selbst. Das Versprechen ist in seinem Fall nicht das Argument einer verfügbaren und aufschiebbaren Zukunft, sondern das Wort einer unumkehrbaren Gegenwart, die alles für immer verändert, angefan-

gen bei sich selbst. Gegenüber der gefangenen Zeit des souveränen und des grenzenlosen Versprechens, das die Zukunft zwischen Hoffnung und Drohung einsperrt, ist das unerwartete Versprechen der Unfall, der die Landkarte der Möglichkeiten aufbricht und durcheinanderbringt. Wo es keinen Ausweg gibt, ist das Versprechen die Pforte zu einem neuen Anfang. Wo es Vergessen gibt, ist es der vergessene Schlüssel zu einer gemeinsamen Vergangenheit.

II
Die Zeit des Unfalls

Wir leben im Zeitalter des Unfalls. Diese Aussage ist paradox, denn ein Unfall ist nicht mehr und nicht weniger als ein Ereignis, das den normalen Lauf der Dinge unerwartet unterbricht. Er definiert also nicht die Zeit, sondern ihre Unterbrechung. Ein Unfall eröffnet ein Vorher und ein Nachher, er bringt eine Diskontinuität mit sich, die uns zwingt, den Sinn eines Tages, eines Lebens oder sogar einer Epoche neu zu formulieren. Dennoch könnte man sagen, dass die Bedeutung unserer gegenwärtigen historischen Krise darin besteht, dass der Unfall die Richtung der Zeit nicht unterbricht, sondern organisiert: Die Gegenwart hält sich zwischen einem beunruhigenden »Noch nicht« und einem erschreckenden »Es ist schon«, zwischen dem Unfall, den wir erwarten, und dem Unfall, der, wenngleich erwartet, uns überrascht. Die Covid-Pandemie war ein paradigmatisches Beispiel für einen vorhersehbaren Unfall.

Der Unfall trennt nicht ein Vorher und ein Nachher innerhalb einer geschichtlichen Geradlinigkeit, sondern bewegt sich in einer Polarität, die die Ungewissheit zwischen dem Erträglichen und dem Unerträglichen, zwischen dem Wiedergutmachbaren und dem Unwiderruflichen aufspannt. In der Zeit des Unfalls ist das Unvorhersehbare vorhersehbar geworden, wir leben in der Angst, nicht zu wissen, wie und wann es eintreten wird. Es bleibt unvorhersehbar, aber es ist unwiderruflich geworden. Die einzige Frage, die unser Handeln leitet, lautet daher: Wie können wir den Unfall verhindern? Wie seine Folgen vermeiden?

Die Begriffe, mit denen wir uns heute auf die Zeit des Unfalls beziehen, sind vor allem drei: Krise, Zusammenbruch und Katastrophe. Alle drei werden auf paradoxe Weise verwendet. Die Krise ist zur Normalität geworden, der Zusammenbruch liegt in der Logik des Systems, in dem wir leben, und die Katastrophe wird zum Sinn der Zukunft, der nicht mehr in einem weit entfernten und außergewöhnlichen Horizont angesiedelt ist, sondern in der alltäglichen Gegenwart. Die Unbestimmtheit des nächsten

Tages ist kein Zeichen der Offenheit, sondern wird als unmittelbare Bedrohung erlebt. Der Umgang mit dieser Bedrohung ist das, was das Denken und Handeln darin leitet, was ich in *Neue radikale Aufklärung* als »posthume Conditio« analysiert habe. Die posthume Conditio ist die Zeit des Aufschubs, die in der Zeit danach liegt, in der Akzeptanz eines Endes, das mit keinem neuen Anfang verbunden ist. Es ist die Zeit, die man nur mit der Verwaltung von Auswirkungen und Überresten einer Lebensweise besetzen kann, die, obwohl sie noch nicht ganz zu Ende ist, für nicht lebbar erklärt wurde. Deshalb sagen wir, dass unsere Vergangenheit keine Zukunft hat. Es ist nicht so, dass sie keine Zeit vor sich hätte, sondern aus ihrer Gegenwart erwächst kein anderer Sinn der Zeit als der Schatten, den die Vergangenheit wirft.

Die Zeit des Unfalls normalisiert nicht nur die Krise, sondern stürzt auch das souveräne Versprechen in eine Krise. Der dreifache Raum der Souveränität ist nicht getilgt worden, sondern er zeigt sich und funktioniert durch seine jeweilige Krise: Gott erlöst nicht, der Staat schützt nicht, der Kapitalismus kann

nicht mehr wachsen. Im unmittelbaren Bevorstehen des Unfalls bleibt nur die Drohung als Bedingung der Macht: Ohne Erlösung, ohne Schutz und ohne Wachstum, gibt es nur noch Szenarien mehr oder weniger schwerer Verdammnis, mehr oder minder harter Ausgrenzung und Repression und von mehr oder weniger großen Verlusten. Wer wird in Zukunft weniger verlieren und wer mehr leiden?

Macht zu haben besteht also nicht darin, etwas versprechen zu können, sondern voraussagen zu können. Im Zeitalter des Unfalls ist die Vorhersage – auch wenn es die Vorhersage von Risiken oder Treffern, Erfolg oder Misserfolg ist – der Schlüssel, der die Zeit organisiert und das System der Opportunitäten unterschiedlich verteilt. Den Unfall zu vermeiden oder seine Folgen bestmöglich zu bewältigen geht damit einher, mit der geringstmöglichen Fehlerquote das an sich Unvermeidbare vorauszusagen. So wird die politische, ökonomische und unternehmerische Entscheidungsfindung heute organisiert.

Vorhersage und Versprechen sind zwei ganz unterschiedliche Formen, sich durch das Wort mit

der Zukunft in Beziehung zu setzen. Gemeinsam ist beiden, dass sie Aussagen sind, die das betreffen, was noch nicht stattgefunden hat. Beide wollen der Zukunft den Weg weisen und daher ihr und ihrer Ungewissheit eine Form verleihen. Der große Unterschied besteht darin, dass das Versprechen eine Willenserklärung ist, während die Vorhersage das Ergebnis irgendeiner Berechnung ist. Das Versprechen ist also eine Absicht, die sich in eine Verpflichtung verwandelt, während die Vorhersage sich als eine Vision zeigt, die das scheinbare Chaos der Ereignisse durchdringen und ordnen kann. Beim Versprechen wird die Vergangenheit zu einer gemeinsamen Erinnerung. Bei der Vorhersage ist sie die Quelle des Wissens, das den Schlüssel zum Verständnis dessen liefern soll, was noch nicht geschehen ist. Die Vorhersage beansprucht also, technisch und sicher zu sein. Das Versprechen will überzeugend und unwiderruflich sein.

Die Logik der Vorhersage ist vielleicht eine der ältesten Weisen, die Wirklichkeit zu deuten, und lässt sich in fast allen Kulturen finden, angefangen bei Praktiken der Weissagung, der Prophezeiung

und den Riten, die den Lauf der Zeit bestimmen. Die Kräfte, die sich heute in der Entwicklung von Vorhersagealgorithmen bündeln, verbinden sich mit Techniken, die seit Langem in Form von Eingeweideschauen, der Deutung von Schildkrötenpanzern, Drogen oder Beschwörungsformeln die Muster und Beziehungen beschreiben, die es ermöglichen, den Lauf der Ereignisse zu ordnen. Gegenwärtig verschiebt sich die Grundlage allen Verstehens und Entscheidens vom Versprechen als Bindung zur Vorhersage, und das hat zur Folge, wie die Soziologin Elena Esposito in ihrem Buch *Artificial Communication: How Algorithms Produce Social Intelligence* schreibt, dass uralte Praktiken der Wahrsagung wieder auftauchen. Die fortschrittlichste Technologie kehrt zu den ältesten Praktiken der Kultur zurück, zur Notwendigkeit, die Ungewissheit zu beherrschen. Wenn die Unsicherheit nicht gedeutet werden kann, wird sie zum Chaos. Das Unwiderrufliche kann sowohl Ordnung als auch Unordnung sein, das eherne Gesetz des Schicksals oder die Unmöglichkeit, den Sinn und die Kausalität irgendeines Ereignisses zu ergründen, Chaos

und permanenter Unfall. Ohne Orientierung wird die Ungewissheit als eine unumkehrbare Abfolge von Begebenheiten erlebt, über die man keine Kontrolle hat. Die Vorhersagefähigkeit der KI ist dann das Versprechen eines neuen Machtinstruments. Es geht nicht um die Planung offener oder alternativer Zukünfte, sondern um eine fehlerfreie Kontrolle darüber, was geschehen wird. Wir kehren nicht nur zu Praktiken der Wahrsagung zurück, sondern, wie Esposito behauptet, zu einem neuen Determinismus.

Ähnlich argumentiert der Kulturkritiker Jorge Luis Marzo, der die Genealogie der Bilder in den Wissenschaften untersucht, die sich der Prognostik und Vorhersage widmen, indem er von einer Kontinuität zwischen den Orakeln und den heutigen Verfahren der algorithmischen Prognose ausgeht. In *Las videntes: imágenes en la era de la predicción (Die Hellseher: Bilder im Zeitalter der Prognose)* behauptet Marzo: »Die prognostizierende Wahrheit ist eine einzigartige Art der Beschreibung der Welt, die kaum alternative Optionen zulässt.« In den antiken Kosmologien war das deshalb der Fall, weil die Vorhersagen außergewöhnliche und vorausgrei-

fende Visionen einer Ordnung waren, die sich selbst für ewig hielt. Heute ist dies deshalb der Fall, weil die Prognose als Haupttätigkeit und Daseinsberechtigung der KI auf der massenhaften Verarbeitung von Daten und auf der Ermittlung ihrer möglichen Korrelationen beruht. Die Algorithmen sagen voraus, ohne den Anspruch zu erheben, etwas zu erklären, zu überprüfen oder Gegenargumente zu liefern. Sie bieten Modelle, die an sich unbestreitbar sind, denn sie leiten sich von den Daten ab, mit denen sie trainiert wurden. Ihre Aufgabe, zu einer wirklichen Zukunft zu führen, erzeugt interessanterweise lediglich ein aktuelles Bild der Zukunft, das sich auf Daten einer ständig aktualisierten Vergangenheit stützt. Sprechen algorithmische Vorhersagen also wirklich über die Zukunft oder sind sie eine Projektion der Vergangenheit? Elena Esposito behauptet, dass »sie die Gegenwart, die sie vorwegnehmen, erschaffen«, das heißt, sie erschaffen die Wirklichkeit, die sie bestätigen, während sie gleichzeitig neue Formen von Blindheit und Intransparenz hervorbringen.

Im Zeitalter des Unfalls verliert das Versprechen seine bindende Kraft (wer kann etwas versprechen,

wenn wir nicht wissen, was passieren wird?) und die Vorhersage übernimmt die Herrschaft über die neuen Formen der Rationalität. Ihr einziges Versprechen ist, Gewissheit zu bieten. Unter der Herrschaft der vorhersagenden Vernunft scheint der Konflikt der Versprechen, der ein Konflikt der Sprache und der Macht ist, beigelegt. Die Herrschaft über die Zeit wird zu einer Rationalität, die die Zukunft als ein Déjà-vu aus einer trägen, akkumulierten Vergangenheit herstellt, die sich selbst erklärt und aus sich selbst entsteht. Von den Schildkrötenpanzern des *I Ching* bis zu den linguistischen Modellen der künstlichen neuronalen Netze geht es immer darum, Muster zu erzeugen, die wir nicht verstehen, die aber funktionieren. Wenn diese Techniken uns ihre Ergebnisse mitteilen, zerstreut ihre Transparenz unsere Ängste und ermöglicht uns, die Entscheidung zu delegieren. Es macht ethisch und politisch keinen großen Unterschied, ob wir unser Schicksal in die Hände von Göttern oder Algorithmen legen. Aber wenn ein General den Krieg erklärt, nachdem er das Orakel gehört hat, wer hat dann den Krieg erklärt, er oder das Orakel? Springen wir in die Gegenwart:

Wenn eine Versicherungsgesellschaft entscheidet, einen Kunden nicht zu versichern, weil ein Algorithmus sagt, dass er mit hoher Wahrscheinlichkeit eine bestimmte Krankheit entwickeln wird, wer hat ihn dann unversichert gelassen, der Algorithmus oder die Politik der Versicherungsgesellschaft? Jede Entscheidung impliziert Bindungen, und deshalb gibt es kein menschliches Handeln, das nicht auf dem schlüpfrigen Boden von Verpflichtung und Verrat steht.

Verpflichtung und Verrat

Die gebrochenen Versprechen sind das Blut der Geschichte. Das Blut, das den Körper belebt, und das Blut, das vergossen wird. Der Verrat ist der Motor der Tragödien, Epen, Kriegsepisoden und großen Liebesgeschichten. Der Dramatiker Wajdi Mouawad hat ihn zum Leitmotiv seines Werks gemacht, insbesondere in der Tetralogie *Das Blut der Versprechen*. Für ihn ist das Versprechen »ein lebendiger, beseelter Vertrag und kein Gegenstand oder Gedanke«. Deshalb können die Versprechen, weil

sie lebendig sind, auch ermordet oder erdrosselt werden. Selbst wenn sie vergessen oder zum Schweigen gebracht werden, können sie uns auf unbekannte Wege führen. Sie sind ein kollektives Unbewusstes, das wie eine dunkle Kraft in uns wirkt und sich zu unserem Vorteil wenden kann, wenn wir es wagen, sie zu entdecken, sie zum Sprechen zu bringen und sie zu erfüllen.

Alle Figuren in Mouawads Dramenreihe werden von Versprechen bewegt, die sie gegeben oder geerbt haben, manche wurden eingelöst, andere nicht, weil sie verraten worden sind. »Ich werde dich nie verlassen!«, »Ich werde meinen Vater auf keinen Fall irgendwo begraben!« Oder »Was auch immer geschieht, ich werde dich immer lieben!«. Das sind die Versprechen, die die Geschichten von *Wälder*, *Küste* und *Verbrennungen* antreiben. In ihnen drückt sich eine grundlegende Verbundenheit aus, durch die Sorge, den Tod und die Liebe. Sie müssen sich den Hindernissen stellen, die ihnen eine Gesellschaft in den Weg legt, die jede Form von Bindung nicht nur negiert, sondern auch zerstört. Im vierten Stück, *Himmel*, rebellieren die Jungen gegen die obsoleten

Versprechen der Väter, weil das Zusammenleben es unmöglich macht, zusammenzuleben.

Wie weit können wir die Verpflichtungen tragen, die das Leben von Vätern und Söhnen, Brüdern, Völkern und Gesellschaften verbinden? Das Blut garantiert nichts. Dein Sohn kann dein Peiniger sein, wie in *Verbrennungen*. Blut führt zu Blut, wenn nicht die Kraft einer anderen Möglichkeit der Bindung entgegenwirkt. Die Mutter, die von ihrem Sohn eingesperrt und vergewaltigt wird, kann ihn nicht lieben, wie sie es versprochen hat, nämlich unter allen Umständen. Oder zumindest nicht spontan, nur weil sie Mutter ist. Sie muss mehr tun und die Menschen mit einbeziehen, die Teil dieses Verbrechens sind, das vor ihnen begonnen hat und das sie, wenn sie es nicht beenden, an ihre Kinder weitergeben werden. Blut führt zu Blut. Das Versprechen verbindet uns somit mit einer gemeinsamen Vergangenheit, aber es kann auch das Argument und der Motor sein, durch den man den Lauf seiner Konsequenzen ändern kann. Die Unwiderruflichkeit des Versprechens (sobald es gegeben ist, kann es nicht mehr zurückgenommen werden) hebt sich

von der Unwiderruflichkeit der Tragödie ab. Am Ende erhält Nawal, die von ihrem eigenen Sohn vergewaltigte Mutter, den Grabstein, unter dem sie ruhen kann, weil es ihr im letzten Atemzug ihres zerbrochenen Lebens gelingt, die Überzeugungskraft eines Freundes und ihrer Kinder auch gegen deren Willen zu mobilisieren. Sie zwingt sie zur schwierigen Auseinandersetzung mit dem Schweigen ihrer Geschichte, um die Knoten zu lösen, die ihnen das Leben unmöglich gemacht haben.

Das Versprechen ist eine freie Verbindlichkeit oder eine Verbindlichkeit, die uns frei macht. Dies ist der Sinn des spanischen Wortes »compromiso« (Verpflichtung), das wörtlich »prometer con« (geloben mit) oder »prometer juntos« (gemeinsam geloben) bedeutet. Während *prometer* (geloben) bedeutet, sich selbst in den Vordergrund zu stellen, also sich einer Sache auszusetzen, so betont das Verb *comprometer* (verpflichten), dass dies nur durch eine Bindung möglich ist, die uns mit anderen Schicksalen verknüpft. Jede Verpflichtung ist eine Verknüpfung, so wie jedes Versprechen die Bindung verstärkt, weil es sie in der Zeit trägt. Sie ist unsere

gemeinsame Vergangenheit, weil sie uns in eine Zukunft projiziert, in der etwas Gemeinsames auf dem Spiel steht. In einer Gesellschaft wie der unsrigen, in der die Vorstellung von Freiheit als Freiheit des Kunden vorherrscht, ist diese innere Beziehung zwischen Freiheit und Verbindlichkeit unerträglich geworden. Wie so vieles nimmt sie die Gestalt der »Charta der Rechte und Pflichten« an, des Dokuments, das die möglichen Austauschbeziehungen zusammenfasst, die die schwachen Beziehungen regeln, das heißt die Beziehungen, die auf der Logik von Leistung und Gegenleistung beruhen. In einer Gesellschaft von Kunden geht die Bindung zwischen Freiheit und Verbindlichkeit nicht über ein Beschwerdeformular hinaus, auf das, wie wir wissen, wie bei falschen Versprechen, nie jemand antworten wird.

Hätte der Schweizer Ex-Polizist in Dürrenmatts Erzählung miteinberechnet, welche Schäden sein unerwartetes Versprechen an die Eltern des ermordeten Mädchens anrichten würde, hätte er es entweder nicht gegeben oder sich berechtigt gefühlt, es später als unverhältnismäßig zurückzuziehen. Manchmal sagen wir über viele Dinge, die wir er-

leben, über Beziehungen, Affekte, Projekte, Arbeit, Kämpfe und so weiter, dass es »sich nicht auszahlt«, und entledigen uns damit all der Verbindlichkeiten, die sie mit sich bringen. Entledigung ist kein Verrat. Sie ist das Ergebnis einer Berechnung von Gewinn und Verlust, von Aufwand und Ergebnis. Wenn es sich nicht »auszahlt«, ist es gerechtfertigt, es bleiben zu lassen. Die Ökonomie des Versprechens hingegen ist nicht berechenbar, sie ist ein Spiel um alles oder nichts. Jede Verpflichtung und jeder Verrat erneuern oder zerstören die Bindung, die sie implizieren. Montaigne reiht den Verrat sonderbarerweise unter die »normalen Laster«, gemeinsam mit der Treulosigkeit, der Tyrannei und der Grausamkeit. Die Philosophin Judith Shklar greift diesen Hinweis in ihrem Buch auf, das den Titel *Ganz normale Laster* trägt. Sie sagt, dass es sich dabei um Verhaltensweisen handelt, die wir alle für so selbstverständlich halten, dass sie nichts Spektakuläres oder Ungewöhnliches an sich haben. Verrat ist also untrennbar mit dem Alltag verbunden. Es ist interessant, diese Alltagsdimension des Verrats zurückzugewinnen, denn dieses Wort allein scheint uns in ein außer-

gewöhnliches Szenario großer Intrigen in Liebe, Politik oder Religion hineinzuziehen. Es macht uns so sehr Angst, weil der Verrat die reale Möglichkeit ist, dass derjenige, der ich mit den anderen und für die anderen bin, für jene, die mir am meisten bedeuten, gerade von ihnen zerstört wird. Verrat (*traición*) und Tradition (*tradición*) haben im Spanischen die gleiche Wurzel. Sie sind Handlungen der Übermittlung, der Überlieferung. Während die Tradition die gemeinsame Zeit nährt, sei es auf freie oder autoritäre Weise, besteht der Verrat darin, das, was wir sind, anderen zu geben, einem anderen Geliebten, einer anderen Partei, einer anderen Ideologie oder einer anderen Religion. Er gefährdet das, was uns ermöglicht, weiterhin das zu bleiben, was wir sind. Man kann sogar sich selbst verraten, wenn man das Innere des eigenen Seins zerstört.

Wenn Kinder spielen, haben sie ein starkes Gefühl für Verpflichtung und Verrat. Sie geben einander Versprechen, bei denen sie sich voll einsetzen und bei denen alles auf dem Spiel steht, und sie lernen, Freunde zu sein, indem sie den Schmerz des Verrats durch ihre Spielkameraden spüren. Der erste Verrat

auf dem Schulhof oder im Dorf, in dem man die Sommerferien verbringt, legt den Grundstein dafür, was wir als Erwachsene von unseren Beziehungen erhoffen können. Wer sich nie verraten gefühlt hat, hat sich vielleicht auch nie verpflichtet gefühlt. Der Philosoph Avishai Margalit hat eine große Untersuchung über den Verrat als Grundstoff des menschlichen Daseins angestellt. In einem seiner Bücher dekliniert er alle seine Spielarten durch (Ehebruch, Abfall vom Glauben, Desertion, Deklassierung, Spionage ...), um zu zeigen, dass das, was den Verrat so gefürchtet macht, nicht der daraus resultierende Schaden ist, sondern die Tatsache, dass er eine Beziehung zerstört, die wir als stark oder wesentlich betrachten. »Verrat ist die Auflösung dessen, was die starken menschlichen Beziehungen zusammenhält.« (*On Betrayal*). Starke Beziehungen bezeichnen nicht nur das, was wir von den anderen erhalten, sondern prägen und bestätigen, wer wir sind. Das impliziert nicht, dass sie substanziell, wesentlich oder ewig sind. Sie entstehen und vergehen mit der Zeit, mit der Geschichte, im Laufe des Lebens. Diese Veränderungen können sich auf natürlich Weise vollziehen,

durch Vergessen, durch Tod, durch Wertewandel oder durch Lernen. Aber sie sind Teil dessen, was wir erschaffen und zerstören, was uns erschafft und zerstört. Nietzsche fragte, wer versprechen darf. Wir müssten fragen: Was verdient unsere Treue? Welcher Verrat ist notwendig?

Die Frage der Anfänge

Verrat untergräbt die Bedeutung einer Beziehung und beeinträchtigt das, was Margalit eine »Erinnerungsgemeinschaft« nennt. Versprechen sind aktiv an der Schaffung dieser Gemeinschaften beteiligt. Sie spielen nicht nur eine wichtige Rolle bei der Vorstellung von zukünftigen Bindungen, sondern sie weben die Geschichten, die uns bis in die Gegenwart geführt haben. Deshalb treibt das Versprechen in Mouawads Stücken nicht nur die Handlung der Figuren voran, sondern lässt uns auch entdecken, aus welchen verschwiegenen Vergangenheiten sie hervorgegangen sind. Wir sind die Kinder der Versprechen, die wir nicht gemacht haben, hieß es zu Beginn dieses Essays. Und das gilt sowohl für die konkrete Biografie unseres Lebens als auch für die Geschichte als Trägerin eines gemeinschaftlichen Sinns.

Es gibt zwei Arten, sich auf den Beginn zu beziehen: die Suche nach dem Ursprung oder die Begegnung mit den Anfängen. Die Suche nach dem

Ursprung ist das, was wir als Frage nach dem Grund, dem Wesen, dem ersten Prinzip, dem wahren Sein oder dem ersten Tag einer Geschichte kennen. Es ist die metaphysische Frage, aber auch ihre Übersetzung in Physik, Geschichte, Anthropologie oder Psychologie. Wir nehmen an, dass alles, was wir sehen, in seiner Vielfalt, seinem Chaos und seinen Zufällen, einen letzten Grund oder eine Herkunft hat, die seinen Sinn ordnen und seiner Identität einen Namen geben kann. Beim souveränen Versprechen kommt dem Bezug zur Idee des Beginns eine gründende Funktion zu: Das Wort, das verspricht, wird als erstes Prinzip der gemeinsamen Zeit gesetzt. Es wandelt das Versprechen in eine Grundlage und in eine Identität. Wir sind diejenigen, die Gott erlösen wird, wir sind das Volk, dem der Souverän Sicherheit und Schutz schuldet, oder wir sind diejenigen, die unter dem Horizont eines grenzenlosen Versprechens von Reichtum und Wohlstand endlos arbeiten sollen. In allen drei Fällen wirkt das Versprechen als Fundament und letzter Grund, der die Zeit und den Sinn unseres persönlichen und kollektiven Lebens organisiert.

Die andere Art, sich auf den Beginn zu beziehen, besteht in der Begegnung mit den Anfängen. Die Dinge beginnen auf vielfältige Weise, meist gleichzeitig und durcheinander. Wo beginnt eine Liebesgeschichte? Wann und wie beginnen wir, uns für bestimmte Themen zu interessieren? Welche Gründe und Zufälle beeinflussen die Errichtung einer Gemeinschaft? Wo beginnen und wo enden die Zivilisationen? Anders gesagt: Wo beginnt das menschliche Leben und auf wie viele Arten ist es möglich? Diese andere Form der Frage nach dem Beginn versetzt uns in ein offenes Spiel von Bedingungen und Zufällen, von kausalen und zufälligen Beziehungen. Es ist der Bereich des Erscheinens, in dem jede Gestalt, die auftaucht, einige sichtbare und viele unsichtbare Aspekte besitzt, Kontinuitäten und Brüche aufweist. Dazu gehört das Versprechen. Das Versprechen ist ein Sprechakt, der, wie wir gesehen haben, Zeiten zusammenhält (gemeinsame Vergangenheiten und verbindliche Zukünfte), der aber auch die Fähigkeit hat, zu unterbrechen und neue Zeiten beginnen zu lassen. Das Versprechen scheint von der Zielgerichtetheit beherrscht zu sein,

aber viel unumkehrbarer teilt es den Beginn. Ein ehrliches Versprechen enthält die Möglichkeit, dass es aufgrund der vielen Zufälle, die das konkrete Leben in der Zeit, seine Grenzen und seine Unzulänglichkeiten beeinträchtigen, nicht erfüllt werden kann. Aber es bleibt immer gewiss, dass das Versprechen gegeben wurde und dass diese Erklärung einen Ausgangspunkt markiert, von dem aus eine Bindung entsteht und sich eine Verpflichtung ergibt. So gesehen ist derjenige, der reich an Versprechen ist, um den Ausdruck von Ovid wiederaufzugreifen, auch wenn er das nicht genau so gemeint hat, jemand, der reich an Anfängen ist. Wir sind vielleicht nicht dort angelangt, wohin wir wollten, aber wir haben einen Ausgangspunkt. Oder viele. Nur die Tyrannei der Ungewissheit, die Zeit, die den Unfall zu einem Schicksal macht, kann sein Potenzial und sein Gedächtnis einebnen.

Der Schweizer Ex-Polizist unterbricht die Resignation angesichts der Gewalt; die Schiffbrüchige bei Silvina Ocampo schwimmt gegen das Meer und gegen das Vergessen an; Don Quijote löst die Selbstverständlichkeiten der Knechtschaft auf; die

schwarze Dienerin fordert das Recht, das Haus zu erben, über Generationen des absichtlichen Vergessens hinweg; Mouawads Figuren wie Nawal, die Zerstörung und Krieg durchmachen, gehen den Weg der Versprechen zurück, die ihnen vorausgegangen sind; sie alle und viele andere Erfundene, Erinnerte oder Namenlose schaffen mit ihren Versprechen eine Gegenerinnerung und eine Gegenzeit. Es gibt zwei Arten der Beziehung zum Beginn, weil es auch gegensätzliche Arten gibt, die Macht des Wortes und seine Fähigkeit, neue Anfänge zu schaffen, zu verstehen: das Wort, das die Zeit für immer gründet, oder das Wort, das die Unwiderruflichkeit der Unfälle umlenkt und andere mögliche Geschichten erschafft.

»Es wird im Wahn geboren. Das Leben bahnt sich seinen Weg durch den Wahn. Nur vom menschlichen Leben kann man sagen, dass alles im Wahn seinen Anfang hat.« So schreibt María Zambrano in *Delirio, Esperanza y razón (Wahn, Hoffnung und Vernunft).* Für Zambrano ist der Wahn nicht das Gegenteil der Vernunft, sondern ihr Hintergrund, von dem sie sich nie ganz löst, weil sie aus ihm

Nahrung schöpft. Das souveräne Versprechen ist ein Wahn, der den Wahn bannt, indem es beansprucht, sich zur höchsten Vernunft zu erheben. Seine Gewalt und seine Anmaßungen aufzudecken, heißt, zu zeigen, dass der Wahn immer da ist, eben weil es weder am Anfang noch am Ende ein Wesen oder einen Verstand gibt, die alle Perspektiven in einem einzigen Prinzip vereinen könnten. »Im Anfang war der Wahn«, betont Zambrano in *Der Mensch und das Göttliche*. Es geht darum, »den Wahn in Vernunft zu verwandeln, ohne ihn zu beseitigen«. Im Wahn steckt eine Sehnsucht, die Grenzen zu überschreiten oder die eingefahrenen Bahnen zu verlassen, die Etymologie wiederzuerlangen. Wie die Philosophin sagt, ist das Überschreiten der Grenzen des Bestehenden die einzige Möglichkeit, sich eine Gegenwart wieder anzueignen, die in Beziehung zur Vergangenheit und zur Zukunft steht.

Der Wahn ist nicht irgendeine Einbildung oder Illusion. Er ist, Zambrano zufolge, eine Wirkung des Missverhältnisses im Menschen zwischen den Grenzen und dem Grenzenlosen. Er ist eine Wahrheit, die, zwischen Angst und Arroganz, das anficht, was wir

»Wirklichkeit« nennen. Wer nie deliriert hat, verfällt der Buchstäblichkeit, der Tyrannei der Rechtgläubigkeit, der Evidenz und der Selbstverständlichkeit. Die schöpferische Aktivität der KI beispielsweise kann die raffiniertesten Fakes erschaffen. Sie hat eine große Macht, uns zu täuschen, aber sie kann nicht delirieren. Sie manipuliert und beeinflusst unsere Meinungen, Gefühle und Weltanschauungen, aber sie kann nicht über die ihr zur Verfügung stehenden Daten hinausgehen, und sei es nur, um sie zu missbrauchen. Sie verfälscht eine Wirklichkeit, die sie nicht überschreiten kann. Die Vorstellungskraft hingegen geht von unserer Fähigkeit aus, uns zu dem in Beziehung zu setzen, was nicht ist, nicht sein wird und auch nicht gewesen ist. Sie kann es in einen Grund für Sinn und Wahrheit verwandeln. Der Wahn ist ein Moment der Vorstellungskraft, während das Versprechen einer ihrer großzügigsten und auch mächtigsten Ausdrücke ist. Remo Bodei behauptet in *Le logiche del delirio (Die Logiken des Wahns)*, dass die Wahrheit nicht darin besteht, alle Teile eines Puzzles oder alle Steine eines eingestürzten Gebäudes zu finden, sondern darin, sich im

richtigen Moment in ihm zu befinden. Der Wahn erreicht eine pathologische Ebene, wenn er nicht aufhören kann, wenn alles Sinn haben muss, und zwar einen einzigen Sinn – vom Ursprung, der alles erklärt, bis hin zur Gestalt, die alles enthält. Man könnte also sagen, dass das souveräne Versprechen und das grenzenlose Versprechen mit ihrem Bestreben, eine einzige Ordnung und eine einzige Zeit zu begründen, Ausdrücke eines pathologischen Wahns sind, der uns heute noch krank macht.

Erniedrigung und Befreiung

Unzufriedenheit ist heute ein globales Leiden. Sie nimmt sowohl depressive als auch cholerische, apathische und hyperaktive Formen an. Der Verlust der Hoffnung auf eine bessere Zukunft hat sich verallgemeinert, aber weder die Zukunft noch die zerbrochenen Hoffnungen sind für alle gleich. Das Gefühl, Opfer eines Betrugs zu sein, teilt die Jugend des globalen Nordens mit der Bevölkerung des ärmeren Südens, die kleinen Sparer:innen der westlichen Arbeiterklasse, die ihre Bankgutha-

benund Renten dahinschmelzen sehen, mit den Migrant°:innen, die durch die Hölle gehen, um Län- der zu erreichen, in denen es für sie und ihre Kinder keine Zukunft gibt.

Diese emotionalen Komponenten, die mit der Enttäuschung der Erwartung einer besseren Zukunft verbunden sind, scheinen die Ursache für einen großen Teil der beunruhigendsten politischen und sozialen Phänomene unserer Zeit zu sein, für autoritäre Politiker:innen und Führerfiguren, diskriminierende Handlungen, die Zunahme alltäglicher Gewalt im öffentlichen und privaten Bereich oder die Zunahme von psychischen Erkrankungen. Rechtsextremismus, Proteste der Rentner, Jugendunruhen in den französischen Vorstädten; Rassismus und Männlichkeitswahn in den Schulen; die Traurigkeit der Jugendlichen und ihre Süchte, Verletzungen und Verwirrungen; der globale Terrorismus; häusliche Gewalt oder Verfolgung und Mobbing im Internet. Sie alle wären Symptome desselben Unbehagens. Sie alle wären Symptome der Demütigung, die die gebrochenen Versprechen auf ein besseres, glücklicheres und gerechteres Leben hervorgerufen haben.

Das Fortschrittsversprechen hat jedoch nicht einen einzigen Weg oder Horizont des Fortschritts vorgezeichnet, sondern vielmehr ein Feld von Konflikten um unterschiedliche Zukunftsvorstellungen und die dafür erforderlichen Mittel und Kräfte eröffnet. Diese Konflikte haben immer wieder Opfer, Ausgrenzung und Enttäuschung mit sich gebracht. Die Geschichte der Zukunft und ihrer Versprechen ist vom ersten Tag an auch die Geschichte ihrer Opfer und Enttäuschungen.

Das Versprechen eines besseren Lebens in materieller, politischer und persönlicher Hinsicht war die treibende Kraft hinter dem, was wir »die Modernisierung der Welt« nennen. Heute scheint sie die Wiege vieler ihrer Albträume zu sein. Die moderne Zivilisation funktioniert paradoxerweise so, dass die größte (kolonialistische, produktivistische, kriegerische, erkenntnistheoretische) Gewalt sich mitunter aus den Wünschen und kollektiven Projekten speist, die den Horizont der Erlösung in der sozialen Emanzipation und des Glücks auf der Erde für jeden ihrer Bewohner, unabhängig von den jeweiligen Ausgangsbedingungen, in Aussicht

stellen. Das Versprechen fällt in die Geschichte und ihre Vorstellungen geraten in Konflikt. Sie werden zu Konflikt, Krieg und Dauerkrise. Aber auch zu Erfindungen, Lernen, Kunst und Revolution. Das Versprechen vervielfältigt und diversifiziert die Aspekte des Ersehnten, vom Kampf für eine gerechte Gesellschaft bis zum Proust'schen *promesse de bonheur*, das sich aus der unmittelbaren Beziehung zur Schönheit und zur Lust als Zeichen eines guten, aber nie ganz erfüllten Lebens ableitet.

Heute manifestiert sich dieses Versprechen in jedem unserer Leben, das dem Druck einer bedrohlichen Zukunft, wie einem Betrug oder einer Niederlage, ausgesetzt ist. Die unerfüllten Versprechen, die als betrügerisch oder unwiderruflich verloren wahrgenommen werden, erzeugen Trauer und Groll. Die Trauer kettet uns an das, was hätte sein können, der Groll an die Feindseligkeit und die Wut gegen diejenigen, die es verhindert haben. Die Gesellschaften der globalisierten Welt bewegen sich heute zwischen diesen feindseligen Zuständen. Sie sind die Pathologien unerfüllter Versprechen.

Der Historiker Javier Moscoso hat in einer gut dokumentierten Untersuchung gezeigt, dass die emotionale Ordnung des unerfüllten Versprechens seit Beginn der Moderne präsent ist. »Verrückte und Verständige teilen denselben Wahn«, schreibt er in *Promesas incumplidas: una historia política de las pasiones (Unerfüllte Versprechen: eine politische Geschichte der Leidenschaften).* Der Wahn stammt aus dem Missverhältnis zwischen dem, was wir uns erträumt haben, und dem, was wir fühlen, zwischen dem, was das Bewusstsein aus sich projiziert, und dem, was in der konkretesten Wirklichkeit vorliegt. Wie Zambrano sagte, haben wir es neuerdings mit dem Wahn als einer Spannung zwischen Begrenzung und Grenzenlosigkeit zu tun, die nun in der historischen Materialität angesiedelt sind. Die Welt und die Gesellschaft verändern sich nicht entsprechend den Erwartungen und Hoffnungen, die in sie gesetzt wurden. Die Wirklichkeit widersetzt sich der Leichtigkeit der Sehnsüchte, was Zorn, Leiden, Verzweiflung und das Gefühl, verraten worden zu sein, hervorruft. »Viele Bestrebungen und Sehnsüchte dieser neuen arbeitenden Mittelschichten landeten

in der psychiatrischen Anstalt.« Moscoso verweist auf die Diagnosen der psychiatrischen Anstalten des späten 18. und frühen 19. Jahrhunderts und zeigt, wie die Beschreibungen vieler dieser damaligen Störungen etwas mit den Pathologien des Versprechens zu tun haben: Größenwahn, Enttäuschung und Hoffnungslosigkeit, aus Eigensinn entstandene Obsessionen, Gefühl der Entfremdung von der Welt, die gerade entsteht … Obwohl die verwendete Sprache eher erzählerisch als technisch, eher poetisch als klinisch ist, beschreiben diese Diagnosen, mehr als es scheint, die Ängste und Unruhen, unter denen wir in der Gegenwart leiden.

Mit dem Zusammenbruch des Ancien Régime, seiner hierarchischen und staatlichen Organisation, die auf der Autorität Gottes und des Souveräns beruhte, eröffnete sich nicht nur ein Horizont materieller und formaler Verbesserungen, sondern es geschah etwas viel Radikaleres, in dem die Wurzel der modernen und zeitgenössischen Demütigung zu finden ist. Mit dem Bruch und der Infragestellung des souveränen Versprechens und seiner Verträge rückte eine Frage ins Zentrum der emanzipatori-

schen politischen Vorstellung: Ist ein Versprechen unter Gleichen möglich? Wenn das souveräne Versprechen die Grundlage eines Bündnisses und der Treue zu einer transzendenten Souveränität war, wie würde dann eine Politik aussehen, die auf einem gegenseitigen Versprechen und der Bedingung der Gleichheit beruht? Das Gleichheitsversprechen wäre nicht, dass alle gleich sind (das kann ein Diktator versprechen und einhalten, wie die Geschichte gezeigt hat), sondern dass wir als Gleiche und unter Gleichen die gemeinsame Zeit des Versprechens schaffen und an ihr teilhaben können. Das würde bedeuten, dass das Versprechen-Können gerade das ist, was uns gleich macht. Emanzipation ist nicht eine Liste von Forderungen (Rechten, Leistungen und Diensten), die dem Volk paternalistisch oder klientelistisch erfüllt werden können, sondern die Bedingung von Emanzipation ist, dass man seinem eigenen Wort und seinen Konsequenzen gemeinsam mit anderen verpflichtet ist. Das ist der radikale Sinn der Emanzipation und der tiefere Grund der gegenwärtigen Demütigung und ihrer verschiedenen Erscheinungsformen. Die gegenwärtigen Demokratien

sind nicht Ausdruck eines Gleichheitsversprechens, sondern sein Trugbild und Verrat.

»Das Versprechen unter Gleichen bildete eine Art Übereinkunft, die es unabhängig von der göttlichen Genehmigung oder dem Willen eines Königs ermöglichte, das Gefühl der Zugehörigkeit zu einer Gemeinschaft all jener zu entwickeln, die, indem sie sich aus Liebe und nicht aus Eigennutz Treue schworen, sich als Gleiche und in ihren Hoffnungen als Brüder fühlten.«, schreibt Moscoso. Die Möglichkeit dieses Paktes als Grundlage einer Gesellschaft von Gleichen ist die Sehnsucht, die in einer verratenen Geschichte entsteht, die ihre Versprechen in Waren verwandelt und abgrundtiefe Frustrationen sät. Wie die geschichtlichen und literarischen Figuren, die Moscosos Untersuchung versammelt, sind wir, die Bewohner der Gegenwart, nicht nur unzufrieden und haben Angst vor der Zukunft, sondern fühlen uns auch zutiefst von unserer eigenen Geschichte verraten. Der Verrat nährt Zynismus und Enttäuschung, alle möglichen Ressentiments und Rachegelüste. Das Gefühl, verraten worden zu sein, kann auch eine Wut nähren, die die Wunde

nicht verschließt, sondern es ermöglicht, Vergangenheit und Zukunft in der verschwiegenen und verschmähten Spur des unerfüllten Versprechens zu verknüpfen. Angst kann lähmend und reaktionär sein, oder aber das Gegenteil bewirken. Sie kann auch ein Warnruf sein und angesichts von Gefahr und Tod die Fantasie und das Handeln beflügeln. Ebenso kann das Gefühl des historischen Verrats die noch nicht verheilte Wunde darstellen, die die Kraft des Gleichheitsversprechens dort zu finden ermöglicht, wo wir nur Zerstörung und Kapitulation sehen.

Eine gegenwärtige Zukunft

Die Zukunft existiert nicht. Sie ist ein Produkt der Vorstellungskraft, das Spiegelbild all der Lichter und Schatten, die unsere Gegenwart, ihre Grenzen, Wünsche und Überzeugungen projizieren. »Die Zukunft ist dunkel, weil die Gegenwart undurchsichtig ist«, habe ich in *Mit den Augen der Lernenden* geschrieben. Dort ging es darum, zu verstehen, was es in der Gegenwart bedeutet, lesen zu lernen, das heißt, die Schlüssel unserer Gegenwart zu deuten, um in ihr Wirkung entfalten zu können. Das Versprechen kann eine Form der Interpretation der Möglichkeiten einer Situation oder einer Epoche sein. Wer ein Versprechen gibt, interpretiert in gewisser Weise seine Stellung in der Welt und wagt es, einen Schritt weiter zu gehen. Wie wir gesehen haben, ist das Versprechen kein Diskurs, sondern ein scheinbar ganz einfacher Sprechakt, der das Verschwiegene aufweckt und unsere Grenzen des Möglichen neu bestimmt, mit der Kraft einer Wahrheit gegen die Wirklichkeit. Dies geschieht nicht von

außerhalb der Welt oder von einer Utopie oder einer Abstraktion aus. Im Gegenteil, das Versprechen ist immer konkret und stellt uns in den Schnittpunkt von vier Beziehungen: der Beziehung zu sich selbst und zu den anderen; der Beziehung zur Macht; der Beziehung zur Zeit; und der Beziehung zum Möglichen.

Beziehung zu sich selbst und zu den anderen: Das Versprechen wird in der ersten Person gemacht, im Singular oder Plural, und richtet sich immer an jemanden. Dieser Jemand kann konkret und bekannt oder allgemein, sogar abstrakt oder fiktiv sein (die Menschheit, die Bewohner der Zukunft und so weiter). Der Unterschied zwischen »Ich verspreche, dass ...« und »Ich nehme mir vor und beabsichtige, dass ...« besteht darin, dass die erste Formulierung eine Bindung herstellt und die zweite nicht unbedingt. Wenn das Versprechen gebrochen wird oder falsch war, ist die Bindung infrage gestellt, möglicherweise verraten. Das soziale Leben wird durch viele Arten von Bindungen und Verpflichtungen aufrechterhalten: Viele sind einfach und beruhen auf der Notwendigkeit, Beziehungen für das Zu-

sammenleben, die Arbeit, das Familienleben, soziale und wirtschaftliche Aktivitäten etc. aufzubauen. All diese Beziehungen sind an Bedingungen geknüpft, an Verträge, an mehr oder weniger stabile Bande des Vertrauens und der Zuneigung. Wir könnten leben, ohne jemals etwas zu versprechen. Tatsächlich neigen wir heute dazu, dies zu tun und die Versprechen, die uns in der Vergangenheit geprägt haben, zu beseitigen. Wenn wir Vereinbarungen treffen, zusammenarbeiten, uns austauschen, Verträge abschließen, Unteraufträge vergeben, Projekte durchführen und Beschlüsse fassen können, warum sollten wir dann jemals jemandem etwas versprechen? Das ist einer der Gründe für den Wahn des Versprechens: In Wirklichkeit versprechen wir, ohne dass es nötig wäre. So wie Gott, der, obwohl er alles einfach machen kann, doch lieber verspricht. Das Versprechen leitet sich nicht unbedingt aus einer Notwendigkeit ab. Es ist ein Überschuss des Wortes, der die Bindung stärkt, weil er sie unwiderruflich macht. Es prägt die Zeit und schreibt eine sinnvolle Beziehung in sie ein. Wir wissen nicht, was danach kommt, weil das Versprechen die Ungewissheit weder verneint noch

beherrscht. Aber »Was auch immer geschehen mag«, wie die Figuren bei Mouawad sagen, wird damit zu tun haben, ob und wie wir uns auf diese Bindung einlassen, die das Versprechen geschaffen hat, und natürlich damit, wer es gibt.

Beziehung zur Macht: Das Versprechen hat nicht nur Macht, sondern ist geschichtlich gesehen das Wort der Macht gewesen. Wir haben die verschiedenen Figuren des souveränen Versprechens und seine Entwicklung in den Gestalten des grenzenlosen Versprechens im Technokapitalismus gesehen. Vom Wort Gottes bis zum vorhersagenden Algorithmus hat sich die Bedeutung des Versprechens gewandelt, aber immer hat es sich die Autorität verschafft, die Bedingungen festzulegen, unter denen die Parameter der gemeinsamen Zeit, ihre Erwartungen und Bedingungen bestimmt werden. Dennoch leben wir heute im Widerspruch zwischen der Zeit des Unfalls und der Zeit des Versprechens, zwischen dem Bestreben, alles vorhersehen zu können, und der Unmöglichkeit, etwas zu versprechen. Die Macht ist paradox geworden, weil eine Ungewissheit herrscht, die sich als normal darstellt, die Krise dauerhaft

wird und die Zukunft als Katastrophe verstanden wird. In diesem Kontext der posthumen Conditio und des Krieges gegen die Geschichtlichkeit die Notwendigkeit zu behaupten, den Raum der Macht des Versprechens einzufordern, ist weder jugendliche Naivität noch eine selbstgefällige Flucht in die Moral. Es gibt keinen Zufluchtsort (noch eine Grabinschrift) für denjenigen, der den Schritt nach vorne des Versprechens wagt. Es geht darum, die Frage aufzugreifen, die noch nicht entschieden ist und wahrscheinlich nie ganz entschieden werden wird, die Frage, die Don Quijotes Ironie, Nietzsches Verdacht und die Figuren so vieler Geschichten, die sich heute in unserem namenlosen Leben ausdrücken, als Herausforderung stellen: Ist ein Versprechen unter Gleichen möglich? Was geschieht, wenn das versprochene Wort von jemand anderem als von Göttern, Herren, Reichen und Herrschern ausgesprochen wird? Wir haben gesagt, dass dies der radikale Sinn von Emanzipation ist. Wenn die Sklaven vom Versprechen ausgeschlossen waren, so sind wir heute fast alle davon ausgeschlossen, weil wir uns in einer Knechtschaft befinden, die die

Gesellschaft der Fake-Freiheit uns nicht sehen lässt. Wenn Macht zu ergreifen bedeutete, das Wort zu ergreifen, so bedeutet es auch, das Versprechen zu übernehmen: Sich an die Versprechen erinnern, die nicht eingelöst wurden, die Versprechen hören, die verschwiegen geblieben sind, die Versprechen geben, die wir nicht zu geben wagten.

Beziehung zur Zeit: Das Versprechen ist das Wort in der Zeit. Die Zeit ist Bestandteil seiner Aussprache und seiner Folge. Wenn jemand ein Versprechen gibt, dann muss er es in irgendeinen Kalender einordnen. Es kann kontinuierlich sein (immer, jeden Tag, jede Sekunde, bis zum Ende der Tage ...), regelmäßig (ein Mal pro Jahr, jeden 31. Dezember, alle zehn Jahre ...) oder punktuell (jener Tag, jenes Jahr oder ein bestimmter Moment). Wenn wir versprechen, dann werden wir zu Gestaltern der Zeit. Wir geben ihr Form, Rhythmus und Übereinstimmung. Der Wunsch nimmt die Form der Verpflichtung an und erfährt die Zufälle und die schwierige Vereinbarkeit mit den Überzeugungen. In dem Moment, in dem das Versprechen gegeben wird, lädt es die Gegenwart mit Zukunft auf. Es ist

eine gegenwärtige Zukunft. So gegenwärtig, dass sie Angst machen kann. Im Versprechen liegt nicht nur der Wahn, sondern auch Kühnheit, eine Modalität der Anwesenheit, die über die Grenzen der Gegenwärtigkeit und die bekannten Erzählungen der Geschichte hinausgeht. Das Versprechen flüchtet sich nicht in die unpersönliche Prognose. Es bannt die Ungewissheit nicht, sondern trotzt ihr, wie Hannah Arendt schrieb. Das Versprechen, das wir geben, ist weder ein bloßer Zukunftswunsch noch ein mehr oder weniger verhandelbares Projekt, sondern es ist unser Anfang, dort, wo die Liebesgeschichten, die Freundschaftsrituale, der Sinn der Kämpfe, das Schweigen in den Familien beginnen. Das Versprechen ist der blinde Fleck der kollektiven Geschichte.

Beziehung zum Möglichen: Es mag wahnsinnige Versprechen geben, aber keine unmöglichen. Sie können uns so erscheinen, oder der Lauf und die Widrigkeiten der Zeit können sie verändern. Aber ein Versprechen schließt immer eine Art Pakt, der auf der Überzeugung und dem Wunsch beruht, dass etwas möglich ist. Deshalb ist das Versprechen nicht nur eine Absichtserklärung, eine Sammlung

schöner Fantasien, sondern eine Deutung der Situation. Es vereint Wissen und Wollen zu einer einzigen Deklaration. Jemandem sein Wort zu geben, heißt, zu deuten, was die Bindung aushalten kann. Das Versprechen kann der Zeit und der Gesellschaft, in der es gegeben wird, entsprechen oder ihr völlig zuwiderlaufen. Es kann banal oder überraschend, einfach und alltäglich oder schwierig und außergewöhnlich sein. Es gibt keine Hierarchie zwischen den Versprechen: Das bescheidenste Versprechen erscheint als ein Sprechakt, der sich mit der Zeit verbindet, um unwiderruflich und mit dem gleichen Gewicht der Wahrheit gelebt zu werden. Die Wahrheit des Versprechens ist ganz singulär, sie entspringt nicht der Erkenntnis der Wirklichkeit (des Sicheren und Wahrscheinlichen), sondern der Erfindung einer Möglichkeit, die nicht einmal vorhersehbar sein kann. Das Versprechen unterwirft sich nicht dem Imperativ der Vorhersage, weil es nicht wahrscheinliche Zukünfte voraussagt, sondern gewünschte Zukünfte antizipiert.

Junge Versprechen

Andreas, der du mir geholfen hast, ein guter Schüler zu werden, der mir vertraut hat, als alle dachten, ich sei ein ungezogener Junge und weniger intelligent als die anderen, ich verspreche dir, dass ich immer danach streben werde, meine Lebensziele und Träume zu verwirklichen, und dass ich versuchen werde, mein bestes Ich zu finden, sowohl persönlich als auch gesellschaftlich.

Mama, ich verspreche dir, dass ich an jedem 31. Dezember, von jetzt an bis zu meinem Todestag etwas getan haben werde, weswegen du stolz auf mich sein kannst. Ich verspreche dir, dass ich im Laufe jeden Jahres etwas getan haben werde, um mich geistig zu verbessern, und ich verspreche dir, dass ich eines Tages einen Oscar gewinnen oder einen großen Film machen werde, und ich weiß, dass du stolz auf mich sein wirst. Ich verspreche dir, dass ich eines Tages meinen Traum verwirklichen werde, und zwar deinetwegen. Ich liebe dich.

Ich verspreche meiner Familie, dass wir jeden 29. Juni, alle zwei Jahre, den Brief an unser zukünftiges Ich erneuern werden. Ich verspreche es, weil du mir wichtig bist und weil ich dich vermisse, seit du in ein anderes Land gezogen bist. Bis bald!

Freunde, ich verspreche euch, dass ich in zehn Jahren alle meine Träume und Ziele erreicht haben werde. Ihr symbolisiert für mich Fähigkeit, Mut, die Kraft der Freundschaft und Glück. Deshalb werde ich nicht ruhen, bis ich das alles erreicht habe, denn ihr gebt mir jeden Tag die Motivation dazu.

Ich verspreche meiner Mutter und meinem Vater, dass ich immer ein besserer, verantwortungsvollerer und ordentlicherer Mensch sein werde.

Ich verspreche meinen Eltern, dass ich weiter lernen werde und dass ich in fünfzehn Jahren mit all dem Wissen, das sie mir gegeben und mit dem sie mich erzogen haben, arbeiten werde.

Mein Versprechen an meinen Freund Roberto: In

drei Jahren komme ich zurück und wir werden wieder zusammen sein wie früher. Roberto ist mein bester Freund. Wir waren sechs Jahre zusammen in Frankreich. Er war einer meiner ersten Freunde und deshalb ist er so wichtig für mich. Ich werde ihn in drei Jahren wiedersehen, weil ich dann achtzehn bin und mehr oder weniger weiß, was ich tun werde.

Sabi, ich verspreche dir, dass ich in den nächsten zwanzig Jahren im Leben erfolgreich sein und die Ehre und Macht unserer Familie wiederherstellen werde. Und wenn es mir nicht gelingt, so werde ich es wenigstens versucht haben und du wirst meine Zeugin dafür sein.

Meine Eltern haben mir den Mut gegeben, eine Berufung zu haben, die mich begeistert. Mein Versprechen ist, ein guter Grafiker zu werden. Ich verspreche, dass ich mit etwa 25 Jahren mein Versprechen gehalten haben werde.

Ich verspreche meinen Eltern, dass ich nach Abschluss meiner Ausbildung eine nützliche Person

sein werde, die etwas mit ihrem Leben anzufangen weiß.

Ich verspreche meiner Mutter, dass ich in zehn Jahren als Psychologe arbeiten und Menschen helfen werde, die eine schwierige Zeit in ihrem Leben durchmachen.

Ich verspreche meiner Mutter, dass ich in 15 Jahren einen Ort geschaffen habe, an dem Obdachlose schlafen und essen können.

Ich verspreche meiner Mutter, dass ich von jetzt an, bis ich von zu Hause ausziehe, den Abfall reduzieren, ihn dorthin geben werde, wo er hingehört, und mehr recyceln werde.

Ich verspreche meiner Familie, sie mein ganzes Leben lang finanziell und emotional zu unterstützen und sie niemals im Stich zu lassen.

Ich verspreche meiner Mutter, dass ich mein Leben

lang den Menschen, die ich liebe, sagen werde, dass ich sie liebe.

Ich verpflichte mich gegenüber meinen Freunden, Vorträge über Armut, Gleichberechtigung, Rechte usw. zu halten, um die Menschen zu sensibilisieren und der Gesellschaft und uns selbst zu helfen, bessere Menschen zu werden.

Ich verpflichte mich gegenüber meinen Freunden, Arbeitsplätze für Menschen zu schaffen, die Schwierigkeiten haben, in die Arbeitswelt einzusteigen.

Ich verspreche meinen beiden kleinen Schwestern, dass ich ihnen, wenn sie Jugendliche sein werden, zur Seite stehen und ihnen ein Vorbild sein werde, dass ich ihnen das Gleichgewicht zeigen werde, wie man für sich selbst kämpft und doch loslassen kann.

Ich verpflichte mich gegenüber den zukünftigen Generationen, dass ich, wenn ich erwachsen bin, ihnen mit meinen Texten das Wissen und das Alleinseinkönnen vermitteln werde.

Ich verspreche meinen Brüdern, dass sie immer spüren werden, dass sie nicht allein sind. Sie können in vollem Vertrauen mir alles sagen und mich alles fragen.

Ich verspreche, dass die Zukunft eine Welt ohne Vorurteile sein wird, in der wir alle gleich sind. Ich verpflichte mich gegenüber den nächsten Generationen, ihnen zu erklären, wie das Leben an anderen Orten der Welt ist, dass es weder minderwertig noch schlechter ist. Mit meinem kleinen Bruder kann ich heute schon damit anfangen.

Barcelona, 21. September 2022. Diese Versprechen wurden von Schülern und Schülerinnen des vierten Jahrgangs der ESO aus den Schulen Miquel Tarradell und Maragall in Barcelona auf der Plaça Joan Coromines bei der Eröffnung der Bienal de Pensamiento gegeben. Ich möchte mich bei den Lehrerinnen Glòria Mèlich und Núria Conejero für ihre Arbeit und bei Susana Arias als Verantwortliche für die Aktivität im CCCB für die Vermittlung bedanken.

Inhalt

Vorwort 8

I

Ein seltsamer Wahn 14

Das souveräne Versprechen 29

Das grenzenlose Versprechen 48

II

Die Zeit des Unfalls 67

Die Frage der Anfänge 85

Eine gegenwärtige Zukunft 101

Junge Versprechen 109

MARINA GARCÉS

Versprechen können

Eine radikale Praxis

Aus dem Spanischen von Richard Steurer-Boulard

W0402812

VERLAG TURIA + KANT
WIEN–BERLIN